D1925242

Ilka Scheidgen
Gabriele Wohmann

Ilka Scheidgen

Gabriele Wohmann

Ich muss neugierig bleiben

Die Biografie

Kaufmann Verlag

Bibliografische Information der deutschen Bibliothek

Die Deutsche Bibliothek verzeichnet diese Publikation
in der Deutschen Nationalbibliografie; detaillierte bibliografische
Daten sind im Internet über http://dnb.ddb.de abrufbar.

1. Auflage 2012
© 2012 Verlag Ernst Kaufmann, Lahr
Dieses Buch ist in der vorliegenden Form in Text und Bild
urheberrechtlich geschützt. Jede Verwertung ist ohne Zustimmung
des Verlags Ernst Kaufmann unzulässig und strafbar. Dies gilt
insbesondere für Nachdrucke, Vervielfältigungen, Übersetzungen,
Mikroverfilmungen und die Einspeicherung und Verarbeitung
in elektronischen Systemen.

Umschlagabbildung: © ullstein bild – Ingrid van Kruse
Abbildungen: S. 118, 119, 120, 122, 124, 125 unten, 126 unten, 127
© Privatarchiv Gabriele Wohmann; S. 121, 123 © Rainer Wohmann;
S. 128, 129, 240 © Ilka Scheidgen; S. 125 oben © ullstein bild - united archives;
S. 125 Mitte © ullstein bild – Röhnert; S. 126 oben © ullstein bild - dpa

Umschlaggestaltung: Cornelia Moser
Druck und Bindung: CPI books, Ulm
ISBN 978-3-7806-3112-1

Inhalt

Vorwort

Diese Biografie basiert auf eigens für diese Arbeit geführten Interviews und Gesprächen im Zeitraum von Oktober 2008 bis Juli 2011 unter zusätzlicher Berücksichtigung meiner bereits seit 1998 geführten Gespräche und der nachfolgenden Veröffentlichungen über Gabriele Wohmann. Die Arbeit wurde nur möglich durch das große Vertrauen Gabriele Wohmanns und ihr Einverständnis zu diesem Projekt sowie das ihres Mannes Reiner Wohmann, der uns mit seinem Fundus an archivierten Dokumenten und seinem guten Erinnerungsvermögen wertvolle Hilfe bei der gemeinsamen Arbeit gab. Bei beiden möchte ich mich für ihre Bereitschaft, diese Arbeit zu unterstützen, und ihrer beider Vertrauen ganz herzlich bedanken. Danken möchte ich zudem für die Erlaubnis Gabriele Wohmanns, ihren Vorlass im Literaturarchiv Marbach einzusehen und zu studieren. Dem Literaturarchiv Marbach danke ich an dieser Stelle für die Möglichkeit, aus dem Vorlass Zitate in dieser Arbeit zu verwenden.

Die Schwierigkeit bei einem so umfassenden Werk wie dem von Gabriele Wohmann beruht darin, das Wesentliche darin herauszuarbeiten und sich nicht in Einzelheiten zu verlieren. Ich hoffe, dass mir das gelungen ist. Nicht unbedeutend war für mich ebenfalls, die Persönlichkeit der Autorin selbst einzufangen, weshalb ich auch Gesprächssituationen habe mit einfließen lassen.

Seit ihrem Debüt 1957 hat Gabriele Wohmann ein beinahe unüberschaubares Werk von über einhundert Büchern, zahllosen Hörspielen und vielen Fernseh- und Theaterstücken geschaffen. Von Anfang an galt ihr Augenmerk dem sogenannten Privaten, das jedoch immer auch das Allgemeine ist. Weil sie als genaue Beobachterin wahrheitsversessen ist, hat ihr dies das Prädikat vom „bösen Blick“ beschert. Weil ihre Schreibideen ohne Unterlass zur Umsetzung drängten, nannte man sie eine „Graphomanin“. Sie hat in ihren Werken fünfzig Jahre bundesrepublikanischer Wirklichkeit gespiegelt mit ihren Höhen und Tiefen, ihren sprachlichen Jargons, ihren Fragen und Problemen und den Lesern und Leserinnen Identifikationsmöglichkeiten eröffnet.

Gabriele Wohmanns Sprache und Ton sind unverwechselbar. Mit ungewöhnlichen Wortschöpfungen vermag sie seit ihren Schreibanfängen stets neue Funken zu schlagen und fasziniert mit dem ihr eigenen oft ironischen, manchmal humorvoll-herben Ton, grundiert mit einer spröden Zärtlichkeit. Sie schreibt über Ungetröstete, ohne dass sie Trost anbietet, über Unglückliche und Suchende, ohne Antworten zu geben und Rezepte zu verteilen. Gabriele Wohmann fesselt mit dem, was und wie sie schreibt, ungebrochen ganze Lesergenerationen. Unangefochten gilt sie als eine Meisterin der deutschen Kurzgeschichte.

Im August 2011 *Ilka Scheidgen*

Kindheit und Jugend (1932–1955)

Es ist ein Tag, wie Gabriele Wohmann ihn liebt – grau-regnerisch – als wir uns in ihrem Haus in Darmstadt zum ersten Mal zusammensetzen, um mit der Arbeit zu dieser Biografie zu beginnen. Das erste Interview, das ich mit ihr führte, liegt mehr als zehn Jahre zurück. In den folgenden Jahren haben wir uns regelmäßig gesehen und geschrieben, und es entwickelte sich eine vertrauensvolle Freundschaft zwischen uns. Eine Autobiografie hat sie nicht schreiben wollen. Umso mehr freue ich mich, dass sie meinem Vorschlag zugestimmt hat, eine Biografie über sie zu schreiben. Wesentlich war auch das Einverständnis ihres Mannes, dem, wie sie sagte, die Hauptarbeit bei unseren gemeinsamen Recherchen zufallen würde. Reiner Wohmann ist der erste Leser, Lektor und Archivar des schier unübersehbaren Werkes von Gabriele Wohmann. Er wird bei unserem Beisammensein wertvolle Erinnerungshilfen leisten.

Gabriele Wohmann wurde am 21. Mai 1932 als drittes von vier Kindern in Darmstadt geboren. Der Vater Paul Daniel Guyot (1896–1974) entstammt einer waldensischen Familie, deren Wurzeln zurückgehen auf die in Südfrankreich im 12. Jahrhundert gegründeten Waldenser – einer vorreformatorischen religiösen Gemeinschaft. Gabrieles Bruder Gerhard, der sich mit Ahnenforschung beschäftigt hat, konnte die Ursprünge der waldensischen Guyots bis in die italienischen Waldensertäler zurückverfolgen. Dieses frühprotestantische Erbe hat sich in der väterlichen Familie ungebrochen fortgesetzt. Wie Gabrieles Vater war auch ihr Großvater Johannes Guyot (1861–1910) evangelischer Theologe gewesen. Er war verheiratet mit Lina Schimpff (1873–1930), der Tochter eines Superintendenten. Das Porträt dieser Großmutter hängt als Ölgemälde im Wohmannschen Haus.

Gabrieles Vater war Direktor des Hessischen und Rheinisch-Westfälischen Diakonie-Vereins, den ihr Großvater gegründet hatte. Ihre Mutter, Luise Lettermann aus Groß-Gerau, kann bekannte Vorfahren aufweisen. Sie war mit dem berühmten Aphoristiker Georg Christoph Lichtenberg (1742–1799), der auch aus einem protestantischen Pfarrhaus stammte, und dem Darmstädter Theologen und Dramatiker Ernst Elias Niebergall (1815–1843) verwandt.

Gabriele hatte einen älteren Bruder Gerhard (1926–2003), eine ältere Schwester Doris (1930–1999) und einen jüngeren Bruder Martin (1945–2011). Alle Geschwister waren verheiratet. Nur der älteste Bruder hat einen Nachkommen, einen Sohn, der aber seinerseits ohne Nachkommen blieb. „Unsere Familie stirbt aus", kommentiert Gabriele Wohmann diesen Tatbestand lakonisch.

Gabriele und ihre Geschwister wuchsen in einem toleranten, musisch und intellektuell hoch ambitionierten Haus auf. Ihre Mutter meisterte den vielköpfigen Haushalt, zu dem noch eine Schwester des Vaters und eine unverheiratete Tante der Mutter gehörten, ohne fremde Hilfe. Trotzdem fand sie Zeit, sich im Gesang ausbilden zu lassen und in einem Madrigalchor zu singen.

Fast entschuldigend, dass es in den Augen der Öffentlichkeit vielleicht nicht genügend sei, nur Mutter und Hausfrau zu sein, ohne etwas „Eigenes“, hält Gabriele in Bezug auf die Mutter im Rückblick fest: „Wieso soll denn dieses Eigene nicht ihre Familie gewesen sein? Sie war doch verantwortlich für ein Klima des freundlichen Wohlergehens und der Verträglichkeit, der Sympathien. Ist das nicht eine unüberschätzbare eigene große Leistung, für eine Gruppe von Personen den Eindruck der selbstverständlichen, unzerstörbaren Geborgenheit zu schaffen?“

„In der Erinnerung an meine Kindheit“, schreibt Gabriele Wohmann über ihr Elternhaus, *„ist dies ein Haus, in dem alles erlaubt und möglich war.“*

Die Kinder erlebten ein Klima des Vertrauens und der Geborgenheit. Sie wussten jederzeit, dass der Vater ihnen in Schwierigkeiten helfen würde. Und in den Zeiten, in denen die drei älteren Geschwister aufwuchsen – in der heraufziehenden Nazidiktatur und während des Hitlerregimes – hatten die Kinder diese Hilfe sehr nötig. Beide Eltern waren überzeugte Nazi-Gegner und haben bei Gabriele eine grundlegende Abscheu vor Zwang und Inhumanität geweckt.

Das Familienleben der Guyots war durch den Beruf des Vaters in gewisser Hinsicht privilegiert. Man hatte das große Haus, ein Auto mit Chauffeur und konnte Reisen unternehmen. Die Sommerferien verbrachte die Familie immer an der Nordsee. Und auf den vielen Dienstreisen des Vaters durften ihn nicht selten die Kinder begleiten. „Er hat uns die Landschaft erklärt und gewusst, dass wir im Fond Unsinn machten und nichts lernen wollten.“ Aber alles war genau richtig so, wie es war.

Gern und oft kommt Gabriele Wohmann auf ihre Kindheit zu sprechen, frei von Geboten und Verboten, in der sie und ihre Geschwister Liebe und Geborgenheit erlebten bei einer Mutter, „bei der man als Kind vom Streuselkuchen das Obere abschneiden durfte und das Untere nicht zu essen brauchte". Und einem Vater, dem jegliches selbst harmlose Zugeständnis an körperliche Bestrafung abging, der vielmehr bei Kinderverzweiflung selbst mitlitt.

In „Vaterporträt" und „Das Pfarrhaus" hat Gabriele beschrieben, was die besondere Atmosphäre dieses Elternhauses ausmachte. Alle Erinnerungen an ihre Kindheit sind positiv besetzt, so dass sie, der später für ihre Prosa das Etikett „böser Blick" angeheftet werden sollte, am Ende des 1967 verfassten Vaterporträts schreibt: „Ich habe meine erste ‚positive' Prosa schreiben müssen."

Gabriele erzählt mir von den Eltern, von ihren Geschwistern und dem Haus, in dem sie geboren wurde. Ihr Mann hat Fotos herausgesucht und zeigt sie mir. Das „Pfarrhaus": ein großes Haus aus Klinker mit einer klaren unverschnörkelten Architektur, nach Plänen des Vaters 1930 erbaut. Es gehörte als Wohnhaus des „Pfarrers" zu dem benachbarten Schwesternhaus des Diakonievereins, den der Vater leitete.

Im Schwestern- oder Mutterhaus des Diakonievereins befanden sich das Büro des Vaters und die gesamte Verwaltung. Der Vater hatte einen großen Apparat zu verwalten mit etwa 1200 Angestellten in Krankenhäusern, Altenheimen und Gemeindestationen. Außerdem wohnten im Schwesternhaus pensionierte Schwestern und Schwesternschülerinnen, die dort auch Unterricht erhielten.

Gabrieles Vater war nicht Gemeindepfarrer im eigentlichen Sinne, wie es sein Vater Johannes Guyot gewesen war, der in Darmstadt die Johannesgemeinde (1891–1897) und in Heppenheim an der Bergstraße die Heilig-Geist-Gemeinde (1901–1910) gründete und in beiden Gemeinden Kirchen bauen ließ, bevor er 1906 den Hessischen Diakonieverein gründete, der noch heute existiert.

Dieser Diakonieverein, so erklärt mir Gabriele, war in seiner Struktur etwas ganz Neues, was bis dahin nicht üblich war. Die Schwestern trugen keine strenge Tracht (die Röcke waren viel kürzer und das Häubchen ließ Ohren und Haaransatz frei) und durften auch heiraten. Ihr Aufgabenbereich lag in der Kranken- und Altenbetreuung sowie dem diakonischen Gemeindedienst. Ganz ungewohnt für die damalige Zeit war es, dass der Großvater für die Schwestern eine Bezahlung nach Tarif vorsah. Diese vor gut hundert Jahren ausgesprochen modernen Grundlagen für eine diakonische Schwesternschaft gelten noch heute für die inzwischen in ganz Deutschland vertretenen Gemeinschaften.

Reiner Wohmann berichtet noch mehr von Gabrieles Großvater: „Er hat Theologie in Gießen studiert und bekam den Ehrendoktor der Universität verliehen.“ Außerdem sei er mit dem bekannten Theologen Adolf von Harnack (1851–1930), der damals Ordinarius für Kirchengeschichte in Gießen war, eng befreundet gewesen. Berühmte Schüler von Harnack waren Dietrich Bonhoeffer und Rudolf Bultmann.

Gabrieles Vater war sich der Besonderheit der Einrichtung, die sein Vater gegründet hatte, bewusst, und fühlte sich verpflichtet, diese wichtige Erbschaft anzutreten und fortzuführen. Eigentlich, so erzählt Gabriele, hätte er außer Theologie vieles andere gerne studiert. Ganz besonders habe er zeitlebens die Literatur geliebt, was an seiner riesigen, zwei Zimmer umfassenden Bibliothek zu erkennen war, zu der natürlich auch eine „theologische Abteilung“ gehörte. Er liebte bibliophile Buchausgaben und besaß Erstausgaben nicht nur literarischer Klassiker, sondern auch von zeitgenössischen Schriftstellern wie James Joyce, Virginia Woolf, Marcel Proust. Darüber hinaus war er auch ein Schöngeist mit einer Vorliebe für antike Möbel, alte Uhren und Teppiche.

Wie die musische Bildung von der Mutter herkommt, so ist Gabrieles geisteswissenschaftliche Bildung und die Aufgeschlossenheit für die Welt des Ästhetischen weitestgehend väterliches Erbe.

„Den Beruf meines Vaters hat man nicht am Inventar absehen können“, erinnert sich Gabriele. Und doch, natürlich und ganz selbstverständlich war auch für die Familie sein Beruf als Pfarrer präsent: in den Sonntagsgottesdiensten im Schwesternhaus zum Beispiel, in den Andachten und beim Gebet am Mittagstisch.

Heute stehen weder das Pfarrhaus noch das Schwesternhaus mehr. Gabriele sagt mir, es lohne nicht, dort hinzugehen, denn von ihrem Kindheitsparadies sei nichts übrig geblieben. Was ihre Fantasie nicht hindert, im verwilderten Garten und im geräumigen Pfarrhaus umherzustreifen und dort in der Erinnerung ihren Eltern und Geschwistern zu begegnen.

Als ihr Vater 1974 starb, schrieb sie ihr persönlichstes Buch, das Einzige, was von vornherein autobiografisch angelegt war, einen Roman über die Mutter als Witwe und die tägliche Vergewisserung ihrer Liebe zu ihr durch das Schreiben. In diesem Roman „Ausflug mit der Mutter“ tritt sozusagen in Reinform das Hauptmovens all ihres Schreibens zutage: ein nie nachlassendes Interesse am Menschen und natürlich die Umwandlung der erfahrenen Wirklichkeit in Literatur. So heißt es dort: *„Ich denke schaudernd an eine Zeit nach dem Bericht über die Mutter. Ich möchte ihn nicht abschließen. Ich möchte nicht in Frieden gelassen sein, mich nicht dann nicht mehr aufraffen zu Beobachtungen und Sätzen, ich fürchte mich vor so einer Zeit ohne Daseinsberechtigung ... Ich muss so neugierig bleiben wie jetzt.“*

Es ist in Gabrieles Büchern unverkennbar, wie sehr sie auch und gerade von dieser Atmosphäre einer im Transzendenten geborgenen Selbstverständlichkeit beeinflusst ist, lebt und zehrt. Mit jedem neuen Buch, so hat sie einmal formuliert, schaffe sie sich ‚ein neues Dach über dem Kopf‘. Wanderin. Liebhaberin von Schuberts Winterreise. Immer unterwegs, niemals am Ziel. Aber sie kennt es, das Ziel, und sie benennt es, ohne Pathos, ganz selbstverständlich: Jenseits, Himmel, Ewigkeit. In den Worten der Bibel: das Reich Gottes, die bleibende Stadt.

„Fürchte dich nicht, denn ich habe dich erlöset; ich habe dich bei deinem Namen gerufen: du bist mein.“ – „Denn wir haben hier keine bleibende Stadt, sondern die zukünftige, die suchen wir.“ – „In der Welt habt ihr Angst, aber seid getrost, ich habe die Welt überwunden.“ Das sind Bibelverse, die sie jederzeit abrufen kann, weil sie ihr seit der Kindheit vertraut sind.

Die Geborgenheit in der Familie war für das Kind Gabriele wie ein Bollwerk gegen das Naziregime. Schon dass man aus einem Pfarrhaus stammte, zog damals Gehässigkeit und Anfeindungen nach sich. Selbst die Volksschulzeit, so erzählt sie mir, sei von rassistischen, menschenverachtenden Gedanken des Nationalsozialismus geprägt gewesen. Das Zwanghafte, Gleichschaltende, Disziplinierende in der Erziehung der Schule weckten im Kind Gabriele Trotz und Widerstandsgeist und manövrierte es ganz automatisch in eine Außenseiterposition. Leistungsdruck, Tüchtigkeitszwang, Konformität, erzwungener Gemeinschaftssinn – das waren Dinge, die Gabriele von zu Hause nicht kannte, gegen die sie reflexartig rebellierte.

Nicht anders ging es ihren Geschwistern. Der sechs Jahre ältere Bruder Gerhard wurde am Humanistischen Gymnasium von Lehrern in SA-Uniform unterrichtet. Der sonst eher sanfte Vater wurde in jener Zeit nicht müde, seine Kinder vor doktrinären Lehrern in Schutz zu nehmen, Gesuche und Entschuldigungen zu schreiben. Was das Naziregime anging, sei er nicht für Versöhnlichkeit gewesen, erzählt Gabriele, obwohl er durch seine ablehnende Haltung in seiner Arbeit als evangelischer Pfarrer von den nationalsozialistischen Stadtverwaltungen schikaniert, diffamiert und behindert wurde. Oft habe seine Weiterarbeit auf der Kippe gestanden. „Seine politische Integrität“, erklärt Gabriele, „brachte ihm nach dem Krieg ein Amt bei der Entnazifizierung von Pfarrern ein.“

Es war für ihn eine Selbstverständlichkeit, seine drei schulpflichtigen Kinder gegen die „brutalen Erziehungsgebräuche der nazistischen Pädagogen" zu verteidigen, sie in der Verweigerung der zwanghaften „Dienste" zu unterstützen.

Was seinen ältesten Sohn anbetraf, so hat er *„den ungleichen Kampf gegen das Parteiregime verloren, das die Schule meines ältesten Bruders, ein Humanistisches Gymnasium, beherrschte; es hat ihn dann vielleicht auch befriedigt, dass sein Widerstand zur Vertreibung meines Bruders aus dieser Schule führte. Er hörte nicht auf, meinen Bruder in der Verweigerung des HJ-Dienstes zu unterstützen. Mit meiner Schwester und mir ist er froh gewesen, als ein gelber Zettel uns endlich unehrenhaft vom Dienst in der Uniform befreite"*, schildert Gabriele Wohmann jene Zeit im „Vaterporträt".

Die Widerstandskraft des Vaters während des Nationalsozialismus wurde von der Mutter geteilt. Gabriele erinnert sich, dass sie nie mit dem Hitlergruß, sondern stets mit einem demonstrativen „Guten Tag" grüßte. Überhaupt war die Mutter eine stete Ermutigerin durch ihre gute Laune, die sich auf die Familie übertrug. Sie war, wie Gabriele sagt, für den unaufdringlichen Optimismus zuständig, durch den ein Ablauf vom Morgen bis zum Abend möglich wurde.

Zu Hause war für die Kinder eine Gegenwelt. Da konnten sie sich ausleben im geräumigen Haus und im großen verwilderten Garten mit seinen drei Terrassen. Mit seinen vielen unübersichtlichen Bereichen war besonders der Speicher für Spiele bestens geeignet. Abgestellte Koffer und Ledertruhen animierten Gabriele und ihre zwei Jahre ältere Schwester Doris zu Theaterspielen. Überhaupt haben ihr, wie mir

Gabriele erzählt, Rollenspiele unheimlichen Spaß gemacht, und am liebsten wäre sie Schauspielerin geworden. Sie hat in Schulaufführungen mitgespielt und später sogar in mehreren eigenen Fernsehfilmen die Hauptrolle übernommen. Darüber werden wir noch sprechen.

Gabriele und Doris, die Schwestern – sie waren sich die Allernächsten und Allerliebsten, sie verstanden sich wortlos in einer Geste, einem Blinzeln, „weil sie der Mensch war, den ich am längsten kannte“. Sie spielten mit Puppen und lasen gemeinsam Bilderbücher, sie sangen Lieder, trieben Albernheiten und schickten ihre Puppen ins „Haus Sonnenschein“, wo es ihnen gut ging und von dem nur sie beide wussten, dass es sich dabei um ein paar Kartons auf dem Dachboden handelte. Kindereinverständnis.

„Von Mutter und Vater abgesehen, war meine Schwester mir am nächsten, mein Kindheitskamerädchen“, so zärtlich beschreibt Gabriele ihr Verhältnis zur Schwester. „Wir zwei gegen die Welt, und die war damals Naziwelt. Meine Familie im Widerstandsnest. Besser als jeder andere hat sie mich gekannt und auch durchschaut, wie ich sie gekannt und auch durchschaut habe, und nichts hätte sie mir übel genommen und ich ihr; nichts, enger und näher geht es nicht.“ Und weil sie selbst nicht miteinander streiten wollten, haben sie das stellvertretend ihre Puppen für sich machen lassen und waren dann strenge Puppenmütter. Aber das Strengsein mussten sie sich bei der Mutter einer Schulfreundin abschauen.

Im Wohmannschen Haus finden sich noch heute viele Reminiszenzen an die Kinderzeit, nicht nur an die Gabrieles, sondern auch an die Kindheit ihres

Mannes. Es kommt mir vor, als sei ich von einem ganzen Individualkosmos umgeben, der tief in die Vergangenheit zurückreicht: alte Bilder, Familienporträts in Goldrahmen, der Renaissanceschreibschrank, den Gabriele vom Vater geschenkt bekommen hat, ein kleines Schaukelpferd, in dem „zerdellerte“ Puppen sitzen. Auf dem Bücherregal zwei alte Eisenbahnen von Reiner Wohmann und ein selbst gebasteltes Schiff des älteren Bruders. Im Flur des Treppenhauses, das zu Gabrieles Arbeitsraum führt, ein Puppenhaus, mit dem sie und ihre Schwester gespielt haben. Im Arbeitszimmer dient ein alter Schlitten als Tischchen zwischen den Sesseln, auf denen wir uns gegenübersitzen. Eine alte Puppenküche vor dem Regal mit Klassikern und Prousts „Suche nach der verlorenen Zeit“.

Ich frage Gabriele nach der Puppenküche. Sie sei von ihrer Großmutter väterlicherseits, die habe damit vor hundert Jahren gespielt. Und übrigens sei diese Großmutter, die Mutter des Vaters, deren Ölbildnis ich bereits bewundert habe, sogar mit Goethe verwandt gewesen, erzählt Gabriele nicht ohne einen gewissen Stolz. Sie sei eine geborene Textor und darüber mit der Familie von Goethes Mutter verwandt gewesen. Und wenn man weiß, wie sehr schon Gabrieles Vater Goethe verehrt hat und sie selbst Goethe zum Unverzichtbaren zählt wie sonst wohl nur noch die Bibel, kann man diesen Stolz gut verstehen.

Wir sprechen über Gabrieles Volksschulzeit.

„Nein“, sagt sie, „da sind mir keine besonderen Erlebnisse in Erinnerung. Nur“, und sie lacht ihr dunkles Lachen, „dass wir Mädchen auf dem Schulweg immer von den Buben überfallen wurden." Auch sonst: nur Unannehmlichkeiten! „Natürlich, dass es Nazizeit war und meine Schwester und ich immer dazu angehalten wurden – auch später in der höheren Schule – den Arm richtig hoch zu halten beim Heil-Hitler-Sagen. Also, wir haben die Nazizeit schon erlebt mit den ganzen Gruppengeist-Marschtritt-Begleiterscheinungen." Gabriele, aber auch ihre Schwester Doris waren entschieden keine Gruppenmenschen, sondern schon in der Kindheit eher einzelgängerisch, auf jeden Fall individualistisch.

1938 kam Gabriele in die Schule. Auch in Darmstadt brannten in diesem Jahr in der Reichspogromnacht vom 9. zum 10. November die Synagogen, wurden jüdische Geschäfte von SA- und SS-Kohorten demoliert. Ein Jahr später begann der Zweite Weltkrieg. Ab Sommer 1940 gingen auf Darmstadt Bomben nieder. Insgesamt gab es 36 Luftangriffe auf die Stadt, ab 1943 sogar fast täglich. Gabriele erinnert sich noch lebhaft an diese Zeit. „Wir mussten beinahe jede Nacht in den Keller in unserm Haus – einem Luftschutzkeller. Ich weiß noch, dass meine Schwester furchtbare Angst hatte und ich als kleines Mädchen mich immer großtat und mit meinem Vater auf den Speicher ging, um den Himmel zu beobachten, nach Leuchtkörpern Ausschau zu halten und was weiß ich."

Glücklicherweise war Gabriele dann aber doch mit den anderen Familienmitgliedern im Keller, wo sie in Notbetten zu schlafen versuchten, als das Haus von einer kolossalen Erschütterung erfasst wurde. „Eine Luftmine hat das halbe Haus weggerissen", erzählt sie. „Aber seltsamerweise habe ich überhaupt keine Angstvorstellungen in Erinnerung."

Die Luftmine zerstörte Küche, Bad, Schlaf- und Wohnzimmer. Die Bibliothek blieb glücklicherweise unbeschädigt. Aber natürlich konnte man nicht mehr im Haus wohnen. Und so musste die Familie ins Schwesternhaus ziehen, bis das Haus wieder hergestellt war.

Der schlimmste Luftangriff auf die Stadt erfolgte am 11./12. September 1944 in der sogenannten „Brandnacht", als durch einen Großangriff der Royal Air Force 99 % der Innenstadt einer Trümmerwüste gleichgemacht wurde. Bei diesem Großangriff war die zweithöchste Opferzahl unter der Zivilbevölkerung während des Zweiten Weltkriegs zu beklagen: 12 300 Menschen kamen ums Leben, 66 000 Menschen wurden obdachlos. Auch das Haus der Eltern von Gabrieles Mutter wurde zerstört. Bessungen, der Stadtteil am Südrand Darmstadts, in dem das „Pfarrhaus" lag, wurde weniger schwer beschädigt.

Aber die Viktoriaschule, ein altehrwürdiges Gebäude, 1829 gegründet und nach der Prinzessin Viktoria von Hessen benannt, in die Gabriele und ihre Schwester damals gingen, wurde in jener „Brandnacht" im Jahre 1944 so stark beschädigt, dass dort kein Unterricht mehr stattfinden konnte.

Als sich in Darmstadt die Angriffe häuften, wurden statt der sogenannten Kinderlandverschickung Gabriele und ihre Schwester von ihrem Vater nach Pommern gebracht. Sie wohnten dort auf dem Gutshof des Grafen Zitzewitz, der mit dem Vater befreundet war. Die Eltern haben es gut gemeint. Sie wollten die Mädchen vor den Fliegerangriffen schützen. Doch für die kleine Gabriele war diese erstmalige Trennung von den Eltern ein schlimmes Erlebnis. Den

Abschied empfand sie wie einen endgültigen Verlust, „als verlöre ich den Grund unter meinen Füßen“. Als der Vater die beiden früher als geplant zurück nach Hause holte, war Gabriele glücklich. „Und jeder Fliegeralarm über der Stadt, vor dem wir eine Zeit lang Ruhe haben sollten, war mir hundertmal lieber als die schönste Naturruhe im Umkreis des Schlosses in Pommern.“

Paul Guyot hatte im Krieg auch einen Teil seines wertvollen Mobiliars ausgelagert, das aber alles verloren ging. Die Kriegs- und Nachkriegsjahre hinterließen bei den Eltern deutliche Spuren. Gabriele erinnert sich an des Vaters „damals mageres, auch blasses Gesicht: im Krieg, als nationalsozialistische Stadtverwaltungen ihn und seine evangelische Arbeit in den Krankenhäusern behinderten, diffamierten und in steter Gefahr hielten, und danach, als er und meine Mutter für die übrige Familie hungerten.“ Nach dem Krieg habe der Vater politische Streitgespräche vermieden, sagt Gabriele. Zu gut habe er die Biografien so mancher sich plötzlich rechtschaffen gebender städtischer „Größen“ während der Nazizeit gekannt. Es mag ihm schwergefallen sein zu schweigen angesichts so mancher Rehabilitierungen, „welche die vergessliche nachfaschistische Epoche den scheinbar unbedeutenderen Nazifunktionären“ angedeihen ließ. Seine Tochter Gabriele würde das eines Tages für ihn nachholen, indem sie in ihren gestochen scharfen Analysen jegliche Heuchelei offenlegen würde.

Auf allerlei Umwegen kommen wir wieder zurück zu Gabrieles Schulzeit. „Da liegen Welten dazwischen“, sagt sie, „zwischen dem damaligen Schulsystem und heute. Es war alles viel einfacher und übersichtlicher und nicht so ein Massenbetrieb." Ich frage Gabriele nach ihrem Lieblingsfach. „Das war immer Deutsch", kommt die Antwort ohne Zögern, „aber auch Sprachen – Englisch und Französisch. Ach ja, und auch noch das Fach Kunst. Wir hatten einen sehr netten Kunsterzieher. Der hat mich für meine Kunstbeschreibungen immer gelobt. Und es ist ja sehr positiv, wenn man gelobt wird. Deswegen habe ich Kunst gern gehabt, weil der Lehrer so nett war."

Sprachen seien ihr leicht gefallen, sagt Gabriele, deshalb habe sie natürlich Sprachen gerne gehabt, und später neben Germanistik auch Sprachen studiert.

„Aufsätze habe ich immer sehr gern geschrieben", erzählt sie weiter, „und habe sie sogar für andere noch mitgeschrieben. Das ist mir später erzählt worden. Nicht aus Strebertum", ergänzt sie lächelnd. Und Reiner Wohmann fügt hinzu. „Im Aufsatz hat sie immer eine Eins bekommen. Auch im Abituraufsatz."

Er blättert in seinen Unterlagen, findet den besagten Abituraufsatz und liest mir das Thema vor: „‚Es kann nicht der Sinn der Kunst sein, die Welt, in der wir leben, zu ignorieren, und das bringt mit sich, dass sie wenig heiter ist.' (Ernst Jünger) ‚Ernst ist das Leben, heiter die Kunst.' (Schiller) Welcher Ausspruch kommt Ihrer Meinung nach der Wahrheit am nächsten?"

An ihr Fazit von damals kann Gabriele sich nicht mehr erinnern. Aber dass sich im Grunde ihr Weg als Schriftstellerin, als eine der wichtigsten und profiliertesten der Nachkriegszeit, damals schon abzeichnete, das haben kluge Pädagogen in der Beurteilung ihres Abituraufsatzes möglicherweise geahnt. Man attestierte ihrem Aufsatz eine „ungewöhnliche Beherrschung des Wortes“. In seiner Beurteilung hielt der Lehrer weiter fest, dass ihre Arbeit Zeugnis ablege „von einer ungewöhnlichen Aufgeschlossenheit für die Welt des Ästhetischen“ und gab ihr ohne Einschränkung die Note „sehr gut“.

Ob ihr Lieblingsfach Deutsch in der Schule nicht besonders geeignet gewesen sei für nazistische Indoktrination, möchte ich wissen.

„Der Nazispuk war ja glücklicherweise vorbei, als es für mich anfing, interessant zu werden“, berichtet sie. „Und zuerst – nach der Zerstörung der Schule im Krieg – gab es überhaupt keinen Unterricht mehr. Mein Vater hat meine Schwester und mich unterrichtet. Das war für uns aber manchmal mehr ein Jux. Da haben wir nicht viel gelernt. Mein Vater hat mit uns ‚Hermann und Dorothea‘ durchgearbeitet, und wir bekamen immer Lachanfälle. Nachher haben wir bei einer Lehrerin ernstzunehmenderen Privatunterricht gehabt.“

Jedenfalls war Schule insgesamt nicht das Rechte für die selbstständig denkende, lebhafte Gabriele. Lernschwierigkeiten kannte sie zu keinem Zeitpunkt, aber die Unfreiheit störte sie. Und außerdem fühlte sie sich eingeschränkt von „Gemeinschaftsblödsinn, Denköde der Pädagogen, vom Zwang einer Sporthalle, eines Schulhofs, von Wettbewerbsmechanismen“. Zwang, Denköde oder Wettbewerb – das waren fremde Welten für die Guyotkinder.

Ein knappes Jahr nach dem Ende des Krieges, am 31. März 1946, wurde Gabriele in der Bessunger Kirche konfirmiert. Ihr Konfirmationsspruch lautete:

„Der Herr ist mein Licht und mein Heil; vor wem sollte ich mich fürchten?“ (Psalm 27,1) Daran erinnert sie sich gar nicht mehr, aber Reiner Wohmann hat das meiste, was ihr Leben und Werk betrifft, sorgfältig archiviert. Den Inhalt des Psalms kann sie auch heute noch voll und ganz bejahen.

Nicht nur ihr positives Verhältnis zur Bibel, sondern auch ihre Begeisterung und „lebenslängliche Anhänglichkeit“ an Goethe reichen in die Kindheit zurück. Der Vater liebte ausgedehnte Spaziergänge, und wenn ihn die Kinder dabei begleiteten, zitierte er oft Goethe-Gedichte. „An den Mond“, „Eigentum“, „Wandrers Nachtlied“, „Über allen Gipfeln“ – diese und andere jederzeit als Zitatenschatz verfügbar, haben sich ins Gedächtnis der Tochter eingesenkt und sind immer abrufbar, stehen – wenn erforderlich – bereit zur „Höchstdosis Schmerz- und Glückszufuhr“. Damals als Kinder durften sie den Vater ruhig unterbrechen, „sogar mit Gelächter, wenn er mal nicht weiterkam: So bildeten wir die ihm unentbehrlichen Anführungszeichen, und nur in deren Umrahmung hat er ja Goethe mit in den Wald genommen.“

Natürlich haben sie nicht immer aufgepasst, haben gealbert und Verse verballhornt. Und doch haben sich diese freundlich-heiteren Zusammenkünfte mit einem der Größten in der Literatur, auf diese spielerisch-ernste Weise, wie es der Vater immer wieder schaffte, so tief bei ihr eingeprägt, dass ihr dieser so „unkonventionell benutzte Familien-Alltags-Spaziergangs-Goethe“, nicht verloren gehen konnte.

„Ich glaube“, schreibt Gabriele Wohmann in ihrem Aufsatz *Der doppelte Vater*, „den (Vater) habe ich, als ich ganz klein war und um ihm einen Spaß zu machen, mit Goethe selbst verwechselt. *Mein Goethe:* Das ist von allem Anfang an *Mein Vater*, ist also Vaterprägung, und weil das ein so geliebter Vater war, ist daraus für mich so viel Goethe geworden."

Über Literatur, über Sprache kommen wir zum Schreiben. Wann hat Gabriele ihre ersten Schreibversuche unternommen?

„Mit sechs Jahren habe ich meine ersten Geschichten erfunden", erzählt sie mir. Und Reiner zeigt mir lächelnd ein kleines, etwas ungeschickt von Kinderhand beschnittenes Heftchen, das noch in Sütterlinschrift fein säuberlich beschrieben ist. „Weihnachtsgeschichte" lese ich als Titel.

„Ja, das habe ich oft gemacht, zu Geburtstagen und anderen Festen als Geschenke", erinnert sich Gabriele, „weil ich zu faul war zum Basteln. Das Geschichtenerzählen hat mir einfach mehr Spaß gemacht."

Auf Lob war die kleine Gabriele sehr versessen, besonders wenn es vom Vater kam. „Von meinem Vater oder meiner Mutter gelobt zu sein, das war für mich ein sehr großes Vergnügen, wahrscheinlich mehr, es war Glück." Jetzt kommt es vom Ehemann, und er spart nicht damit.

Außer für Bücher interessierte sich Gabriele während ihrer Teenagerzeit besonders für das Theater.

„Meine Schwester und ich waren theaterbesessen. Und wir waren in der glücklichen Lage, eine Freundin zu haben, deren Vater am Darmstädter Theater Generalmusikdirektor war." Auf diese Weise konnten sie dauernd umsonst ins Theater gehen und sogar in dessen Loge sitzen.

„In der Viktoriaschulzeit", erinnert sich Gabriele, „habe ich sehr viel mit den Buben vom Ludwig-Georgs-

Gymnasium Theater gespielt. Da gab es nämlich Lehrer, die sich ein bisschen mehr engagierten und auch jenseits des Schulbetriebs etwas anboten. Die machten richtige Schauspielinszenierungen." Das habe ihr so sehr gefallen, dass sie Schauspielerin werden wollte. Sie habe sogar richtigen Schauspielunterricht bei einer Schauspielerin und bei einem Schauspieler genommen.

„Als ich fünfzehn war oder jünger, habe ich im sommerlichen Holzgeruch des Dachgebälks vor einem Spiegel Rollen einstudiert: Viola, Mary Stuart, Titania."

Fünfzehnjährig ist Gabriele auch auf einem Ölbild, das sie zusammen mit ihrer Freundin darstellt. Das Bild steht auf dem Boden im Esszimmerbereich des großen Wohnraums. „Ich habe es erst kürzlich bekommen, nachdem meine Freundin gestorben ist." Einen rechten Platz scheint es noch nicht gefunden zu haben, und so steht es etwas verloren zwischen antikem Eckvitrinenschrank und Kommode. „Das war die Zeit, in der wir uns geschminkt haben", erzählt Gabriele lachend. „Überhaupt waren wir nicht so gekleidet, wie es damals schicklich war! Wir trugen kurze Röcke und auch lange Hosen." Damals hatte sie es auch gern, „wenn junge Burschen sich in mich verliebten", erzählt sie, „besonders aber die deutlich älteren."

Eine weitere große Leidenschaft, die bis heute anhält, war in jenen Jahren für Gabriele das Kino.

„Nach der Befreiung von den Nazis durch die Amerikaner wurden Hollywood und seine Filme aus dem US-Alltag, aber auch Western, unentbehrlich", erzählt sie mir.

Ihre Kinoleidenschaft habe ganz wesentlich mit dem Ende des Krieges, dem damaligen Befreiungsgefühl, zu tun. „Wir sahen die ersten Amerikaner, eine kleine Gruppe, auf weichen Sohlen durchquerten sie leise unseren Garten vom Westen nach Osten: das Ende der Nazis."

In den ersten Nachkriegsjahren war es für Gabriele etwas völlig Neues, während der Filmvorführungen Unterschlupf zu finden in Erwachsenenmelodramen. „Nichts aus den Hollywoodfilmen glich meinen eigenen Erfahrungen, keine Szenerie, keine Person, kein Konflikt, und alles hat mich deshalb interessiert." Damals schon, so ist zu vermuten, begann ihr brennendes Interesse an Lebenskonstellationen, die den selbst Erlebten konträr entgegenstanden und die sie dann mit feinster Beobachtungsgabe in ihren Erzählungen und Romanen gestaltete. Sie erinnert sich: „Mit großer glücklicher Neugier schaute ich bei unbekannten, in meinen Augen grotesken, übersteigerten Liebesverwicklungen zu, und langhaarige Frauenfrisuren, schmalzige Mimik, hochhackige Schuhe imponierten mir."

Der Filmsüchtigkeit von damals frönt sie auch heute noch beim Ansehen alter US-Filme, aufgenommen auf Video-Kassetten, denn „leider kann diese Leidenschaft anders nicht mehr befriedigt werden". Ihre Begeisterung für das Medium Film hat sich übrigens auch in ihrem eigenen Werk niedergeschlagen. Doch davon wird später noch die Rede sein.

Ich frage sie nach ihren privaten Leseerfahrungen und - erlebnissen während der Schulzeit, und sie erzählt: „Die Lektüre in jener Zeit ging ins Uferlose dank der

Riesenbibliothek meines Vaters. Vieles las ich viel zu früh." Der ältere Bruder sorgte dafür, dass Gabriele darin die *richtigen* Bücher fand, die bildungsbürgerlichen wie Heine, Eichendorff, Shakespeare, aber auch jene, die sie eigentlich noch nicht hätte lesen sollen. Und er brachte ihr als Kind Fremdwörter bei. „Ich war sehr fanatisch hinter Fremdwörtern her, ich brauchte sie für meinen Widerstand in der Nazi-Schulzeit. Widerstand durch Fremdwörter."

Im Widerstand zum Zeitgeist hat Gabriele Wohmann sich schon früh geübt. Auch in ihrem Berufsleben als Schriftstellerin wird sie keine Kompromisse machen, sich keiner Zeitströmung anpassen. Das hängt mit ihrer Auffassung von Kunst zusammen. Mittelmaß in einem künstlerischen Beruf ist für sie ein Gräuel. „Wenn man als Künstler nicht davon überzeugt ist, man sei der Allerbeste, man sei in seiner ganz individuellen und persönlichen speziellen Art der Allerbeste und absolut einmalig, dann sollte man aufgeben", bekannte sie 1989 in dem Film „Schreiben müssen. Ein elektronisches Tagebuch" (1990 im ZDF ausgestrahlt). Ein hoher Anspruch, den Gabriele Wohmann an sich und ihre Schreibarbeit stellt. „Manche Menschen können, wie man heute so sagt, gut damit leben, ein mittleres Talent unter vielen anderen zu sein. Ich muss von mir denken: Ich bin die Beste." Sie lacht und bemerkt dazu: „Schwer genug."

Zurück zu den Lektüreerinnerungen: Felix Timmermans, Colette, Marcel Pagnol, Vercors, Romain Rolland, Fjodor Dostojewski, Aldous Huxley, D. H. Lawrence, Gustave Flaubert, Leo Tolstoi, Thomas Mann. Bunt gemischt und vielseitig war ihre Lektüre. Sie war offen für alle Genres und Themen in den lesehungrigen Jugendjahren. *Der Zauberberg* von Thomas Mann begeisterte sie derart, dass sie den Helden Hans Castorp nachahmte und mit einem Fieberthermometer im Mund herumlief. Ab achtzehn Jahren kamen neue entscheidende Lektüreerfahrungen hinzu: die amerikanischen *short stories* von Ernest Hemingway, John Steinbeck, Tennessee Williams, William Saroyan (alle in US-GI-Taschenbuchausgaben). Und dann, noch wichtiger: Franz Kafka und James Joyce. Dessen Ulysses wurde für die spätere Schriftstellerin Gabriele Wohmann, wie sie mir erzählt, zum Schreibanstoß mit seiner Form des inneren Monologs, der ja ein Spezifikum fast aller ihrer Werke werden sollte.

Nach der Obersekunda verließ Gabriele die Viktoriaschule und ging für ein Jahr auf der Nordseeinsel Langeoog auf das private Nordsee-Pädagogium. Dies war nicht ein Internat im eigentlichen Sinne. „Die Mädchen und Buben wohnten in verschiedenen Familien, über die Insel verteilt und nicht in einem Gebäude“, erzählt sie, „das war ein vollkommen selbstständiges Leben, plötzlich.“

Wie es zu dieser ungewöhnlichen Entscheidung kam, interessiert mich nun doch.

„Die Entscheidung kam von mir, von mir allein“, erklärt Gabriele. „Ich wollte einfach mal weg, weg vom Schulbetrieb, aber auch in die Selbstständigkeit, das wollte ich, das musste sein. Auf das Internat bin ich durch ein Inserat in der Zeitung gekommen.“

Auch dieser Entscheidung setzten die Eltern keinen Widerstand entgegen, „denn“, so sagt Gabriele, „abgewiesen wurde ich nie“. Sie erinnert sich: „Das

Wegstreben zu meiner Freiheit hat mich interessiert, sobald ich aufhörte, ein Kind zu sein. Niemand versuchte, mich aus dieser unbekümmerten, selbstsüchtigen Entwicklungsphase zurückzubetteln. Aber gewiss konnte ich alle Unvernunft und jeden Leichtsinn nur genießen – verschwenden! – weil die Liebe von Vater und Mutter universal war und mich auch als Abwandernde nicht ausgeklammert hat."

Eigentlich hätten noch zwei Schuljahre angestanden, die Unterprima und die Oberprima. Die Unterprima konnte Gabriele auf Grund ihrer guten Schulleistungen überspringen, so dass sie ab 1950 bis zum Abitur 1951 das Nordsee-Pädagogium Langeoog nur ein Jahr besuchte. Sie legte dann ein externes Abitur im Ulrichsgymnasium in Norden auf dem Festland ab und bekam in fast allen Fächern die Note „sehr gut".

Nach bestandenem Abitur ging Gabriele zurück nach Darmstadt und nahm in Frankfurt ihr Studium auf. Vier Semester lang, von 1951–1953, studierte sie Germanistik, Romanistik, Philosophie und Musikwissenschaft. Die Fächer hatte sie sich aus purem Interesse ausgesucht, ohne eine feste Vorstellung, was sie damit einmal anfangen würde.

„Das waren damals ja ganz andere Zeiten als heute", sagt sie. „Man hatte einfach Zeit, sich erst mal umzusehen an der Universität."

Gabriele erzählt, das Studium habe ihr „nicht so viel gegeben". Musikwissenschaft fand sie viel zu trocken. Stattdessen fing sie in der Studentenzeit an, Querflöte zu lernen. Und sie sang im Universitätschor. Das einschneidendste und folgenreichste Erlebnis während der Studienzeit aber war natürlich die Begegnung mit dem Kommilitonen Reiner Wohmann.

Reiner Wohmanns beide Großväter waren kaiserliche Geheimräte gewesen. Der Großvater mütterlicherseits wurde mit dem Ende des Ersten Weltkrieges aus dem Elsass ausgewiesen. „*Einen* Möbelwagen durften sie mitnehmen“, erzählt Reiner, „und fünf hätten sie gebraucht. Ein großer Verlust. Und dann kam die Inflation, und das ganze Vermögen ging verloren.“

Der Vater von Reiner Wohmann war noch in Straßburg geboren und hatte dort auch seine Laufbahn als Jurist begonnen. 1926 kam er als Generalsekretär der Deutschen Volkspartei unter Gustav Stresemann nach Darmstadt. Dort wurde im gleichen Jahr Reiner geboren.

Noch vor Beendigung seiner Schullaufbahn, musste Reiner in den Krieg. Er geriet im März 1945 in amerikanische Kriegsgefangenschaft, aus der er im Juni 1945 entlassen wurde. Erst dann konnte er die Schulzeit fortsetzen und mit dem Abitur abschließen. Reiner Wohmann studierte zur selben Zeit wie Gabriele Guyot Germanistik, Anglistik und Philosophie. Max Horkheimer und Theodor W. Adorno, die Begründer der berühmten „Frankfurter Schule“ gehörten zu ihren Professoren. Allzu viel theoretischen Ballast aber scheinen die beiden Studenten aus dieser Zeit nicht auf den bald gemeinsamen Weg mitgenommen zu haben.

„Bei Adorno war ich einfach aus Vergnügen an der Beobachtung des wunderbar kleinen Menschen mit seinem Kugelkopf und seiner Art zu sprechen und habe für meinen Bruder Gerhard alles mitgeschrieben, ohne alles zu verstehen, einfach aus Leidenschaft am Schreiben.“ Reiner Wohmann erinnert sich nur noch daran, dass Professor Adorno zu ihm als Studenten immer sehr nett gewesen sei.

Gabriele beendete das Studium leichten Herzens nach nur vier Semestern. Im Mai 1952 verlobte sie sich mit Reiner Wohmann, und im folgenden Jahr heirateten sie. Die kirchliche Trauung fand im Schwesternhaus des Diakonievereins durch Gabrieles Vater statt.

1953 ging das Paar nach Langeoog. Auch Reiner Wohmann hatte sein Studium unterbrochen. „Wir gingen als Aushilfslehrer an das Nordseepädagogium, in dem ich mein letztes Schuljahr verbracht hatte“, erzählt Gabriele. „Ich wusste, dass der Direktor ein sehr origineller Mensch war, der uns, die wir beide kein abgeschlossenes Studium hatten, als Hilfslehrer nehmen würde. Und er nahm uns auch sofort. Wir hatten eine Stelle zu zweit. Von viel verdienen konnte da natürlich nicht die Rede sein. Wir bekamen 175 DM bei freier Kost und Logis. Aber wir hatten beide die Begeisterung fürs Meer, und es war einfach sehr schön!“ Auch Reiner Wohmann gerät bei der Erinnerung an dieses eine Jahr Inselerfahrung ins Schwärmen: „Wir haben viel gebadet, auch wenn das Wasser sehr kalt war. Im Winter war es so kalt, dass das Wattenmeer zugefroren war, und der ganze Strand war mit riesigen Eisschollen zugedeckt. Schiffe konnten nicht mehr fahren, und die Insel musste über Hubschrauber versorgt werden.“

Obwohl Gabriele und Reiner diese Zeit am Meer sehr genossen haben, kamen sie doch zu dem Entschluss, dass das Ganze keine Lösung für immer sein konnte. Und so kehrten sie nach einem Jahr zurück. Reiner Wohmann nahm in Frankfurt sein Studium wieder auf.

„Und ich hab privatisiert und geschrieben. Das waren meine Schreibanfänge“, erzählt Gabriele und fährt fort: „Das hätten wir alles gar nicht gekonnt, wenn meine Eltern nicht so großzügig gewesen wären und uns bei sich im Pfarrhaus hätten wohnen lassen.“

Um ein bisschen zum Unterhalt beizutragen, gab Gabriele an der Volkshochschule Französischunterricht und an einer privaten Handelsschule Deutsch und Englisch. Und Reiner verdiente neben seinem Studium etwas Geld dazu, indem er an der Volkshochschule unterrichtete und journalistische Arbeiten schrieb. Er schloss sein Studium mit dem Staatsexamen ab und begann seine Laufbahn als Gymnasiallehrer. Zuerst war er an verschiedenen Schulen im Umkreis von Darmstadt, musste teilweise längere Fahrten auf sich nehmen und war froh, als er eine Versetzung nach Darmstadt bekam – ans Studienkolleg für ausländische Studierende, denen er Deutschunterricht gab. Von Anfang an nahm er regen Anteil an Gabrieles ersten Schreibarbeiten, und er erzählt mir, dass er ihre Manuskripte sogar mit in den Unterricht genommen und – wenn die Studenten im Sprachlabor arbeiteten – gelesen habe.

Beginn der schriftstellerischen Laufbahn (1956–1959)

Gabriele fühlte sich bei ihrer Tätigkeit als ‚Lehrerin' nicht wirklich wohl. Als Autoritätsperson sei sie gänzlich ungeeignet, sagt sie. Und so wurde das Schreiben für sie immer mehr zum eigentlichen Lebensinhalt. Sie schrieb und schrieb, ganz ohne Veröffentlichungsabsicht – Erzählungen und Romane, erfand Geschichten, wie sie es schon als Kind getan hatte – aus purem Spaß am Schreiben, am Formulieren, am Erfinden.

Irgendwann – genauer im Jahr 1956 – fand Reiner Wohmann, dass aus dem immer größer werdenden Konvolut mit Erzählungen doch mal etwas das Licht der Öffentlichkeit erblicken sollte.

„Mein Vater hatte in seiner riesigen Bibliothek neben den Büchern zusätzlich auch noch eine enorme Menge an Zeitschriften abonniert", erzählt mir Gabriele, „darunter die *Akzente*, von Walter Höllerer und Hans Bender herausgegeben. Und da hat der Reiner eines Tages beschlossen, wir könnten mal etwas von dem vielen, was ich geschrieben hatte, an die Akzente schicken."

Mit dieser schicksalsträchtigen Entscheidung begann für Gabriele Guyot, verheiratete Wohmann, ein neues Leben: das einer freien Schriftstellerin. Bereits in der Februar-Ausgabe 1957 der *Akzente* wurde ihre Erzählung „Ein unwiderstehlicher Mann" gedruckt.

Die Resonanz war enorm. Gleich drei Verlage meldeten sich bei ihr und bekundeten Interesse an weiteren Veröffentlichungen. Gabriele Wohmann war 24 Jahre alt.

Ihre erste Veröffentlichung erschien unter dem Namen Gabriele Wohmann-Guyot. Noch hatte sie sich nicht für einen der beiden Namen entschieden.

Ein Foto aus jener Zeit zeigt ein zartes, beinahe kindliches Gesicht, von dichtem schwarzem Haar umrahmt, der Pony Stirn und Augenbrauen bedeckend. Nur knapp sind die Augen frei. Sie blicken zur Seite, tastend, fragend, auch neugierig. Die Lippen umspielt ein leichtes Lächeln. Erwachsen nur dem Anschein nach, weiß sie von sich, und manchmal melancholisch, mit einer Art Heimweh, das sie fortan im Schreiben zu stillen versuchen wird.

Nach ihrer ersten Veröffentlichung in den Akzenten, so erzählt Gabriele, habe für sie festgestanden, dass sie sich nun ausschließlich dem Schreiben widmen wollte. Ihre Beschäftigung als Lehrerin habe sie leichten Herzens aufgegeben.

Nun erschienen in rascher Folge eine Vielzahl an Kurzgeschichten in Zeitungen und Zeitschriften. Reiner Wohmann holt aus seinem Ordner eine Liste hervor und liest Titel vor wie „Der Antrag“, „Der Fang“, „Der Kuss“, „Die Verwandlung“, „Wiedersehen in Venedig“. Bis 1958 hatte Gabriele Wohmann bereits 64 Kurzgeschichten geschrieben.

„Das waren damals noch Zeiten, als Zeitungen einen großen Bedarf an Primärtexten hatten“, erklärt Gabriele, nicht ohne Bedauern, dass diese Zeiten längst der Vergangenheit angehören. „Der *Simplicissimus*, den mein Vater auch im Abonnement hielt, hat sehr viele Geschichten von mir gedruckt. Das war meine Haupteinnahmequelle.“

Und Reiner ergänzt die Liste der Zeitungen, die die frühen Prosaarbeiten von Gabriele veröffentlichten: FAZ, Darmstädter Echo, Mannheimer Morgen, Augenblick (die Zeitschrift von Max Bense), DIE ZEIT, Deutsche Rundschau, Frankfurter Hefte.

Hinzu kamen auch schon in dieser frühen Phase Radiosendungen ihrer Erzählungen. Der Hessische Rundfunk, der Süddeutsche Rundfunk, der Sender Freies Berlin, Radio Beromünster, Norddeutscher Rundfunk – sie alle sendeten Gabrieles Kurzgeschichten und trugen wie auch die vielen Zeitungsveröffentlichungen dazu bei, dass sie schnell bekannt wurde.

In den Fünfzigerjahren des vorigen Jahrhunderts erlebte die Kurzgeschichte eine Blütezeit, die auch für Gabriele Wohmanns Erfolg sicher nicht unmaßgeblich war. Das deutsche Lesepublikum hatte einen Nachholbedarf an dieser Form der Prosa, der zunächst durch den Import der angelsächsischen *short stories* gestillt werden konnte, bevor sich die erste Nachkriegsgeneration an Autoren wie Heinrich Böll, Hans Bender, Rudolf Borchert und die ein Jahrzehnt jüngeren wie Peter Härtling, Christa Wolf, Uwe Johnsohn, Hans Magnus Enzensberger und andere an die literarische Aufarbeitung der Kriegserlebnisse und Beschreibung der Notzeiten der unmittelbaren Nachkriegsjahre machten.

Auch Gabriele Wohmann hat die Nazizeit und deren Nachwirkungen in manchen Geschichten und Hörspielen verarbeitet, doch ihr Interesse galt vornehmlich den innerpsychischen Vorgängen von Individuen und dem daraus resultierenden Nichtgelingen zwischenmenschlicher Beziehungen.

Bereits 1958 erschienen ihre ersten beiden Bücher. Zuerst eine kleine bibliophile Ausgabe in der Eremitenpresse unter dem Titel „Mit einem Messer“, in der die zwei Erzählungen – die titelgebende und „Sand der Enttäuschung“ – unter ihrem Mädchennamen Gabriele Guyot in der Reihe „Studio“ gedruckt wurden.

Diese Erzählungen waren im Hessischen Rundfunk gesendet worden, der diese dann der Eremitenpresse zum Druck übergab. „Mit den Herausgebern der Eremitenpresse“, erinnert sich Gabriele, „hat sich daraus eine langjährige freundschaftliche Beziehung ergeben.“

Über ihre Veröffentlichungsanfänge wird Gabriele später in einem Gespräch mit Klaus Siblewski, dem Lektor beim Luchterhand Verlag (für den Band „Auskunft für Leser“) berichten:

„Vorher kannte ich überhaupt niemand vom damals nicht sogenannten Literaturbetrieb. Also, dieses Manuskript (Ein unwiderstehlicher Mann, I.S.) schickte ich weg. Von keinem gefördert, von niemandem beraten, gedrängt. Ich wäre überhaupt nicht auf die Idee gekommen, ich müsste vorher irgendjemanden kennenlernen, um Beistand bitten, Protektion haben.“ Dass diese Erzählung gleich angenommen wurde, habe sie natürlich ermutigt. Auch dass sich daraufhin gleich drei Verlage für weitere Arbeiten von ihr interessierten. Es waren, wie sie mir erzählt, der Walter Verlag aus der Schweiz, der Piper Verlag und der Luchterhand Verlag. Allen drei Verlagen bot sie gleichzeitig ihren Roman „Jetzt und nie“ an. Er erschien als ihr zweites Buch ebenfalls 1958 und zwar bei Luchterhand, der in der Verwirklichung ihres Romandebüts wohl am zügigsten reagiert hatte.

„Und das Honorar für eine Anfängerin war auch besser“, erinnert sich Reiner Wohmann und schmunzelt. „Es war sogar exorbitant hoch.“

Der Roman erschien unter dem Namen Gabriele Wohmann, den sie von da an ausschließlich benutzte, auch wenn der Piper Verlag, bei dem zwei Jahre später, 1960, der Erzählband „Sieg über die Dämmerung“ erschien, sie dazu überreden wollte, weiter unter ihrem Mädchennamen Guyot zu veröffentlichen, den man dort offenbar aparter fand als Gabriele Wohmann. Gabriele aber wollte das nicht, „weil ich es ungerecht fand, wo Reiner doch alles mitmachte und Guyot schon in meiner Kindheit immer falsch ausgesprochen wurde. Ob's das Richtige war, weiß ich nicht“, lacht sie.

Diese Frage kann man im Nachhinein nur positiv beantworten. Ist doch die Autorin längst zu „die Wohmann“ geworden. Und neben Kafka, bei dem man von „kafkaesk“ spricht, ist meines Wissens keinem anderen deutschsprachigen Autor die Ehre zuteil geworden, dass man – ihren speziellen Stil meinend – vom „Wohmannisieren“ spricht.

„Ich habe übrigens“, erzählt Gabriele, „die Beziehung zu allen drei Verlagen aufrecht erhalten. So unschuldig habe ich damals auf den Buchmarkt reagiert, in Unkenntnis aller seiner Gesetze und Verdikte und Schicklichkeitsgrenzen. Dass mir die Abwesenheit aller Bedenklichkeiten, der Vertrauensvorschuss eben bei Heinz Schöffler (Lektor bei Luchterhand; I.S.) am besten gefiel, hängt natürlich nicht nur damit zusammen, dass man dann eben sein erstes Buch auch sehen und greifen möchte. Es hat auch sehr viel mit Selbstachtung zu tun. Ich beabsichtigte ja nicht, nun erst einmal schön geduldig zusammen mit Lektoren das Schreiben zu lernen. Heinz Schöffler war, für meine Art, mit meinem Beruf umzugehen, und ganz speziell für den Start, der ideale Lektor. Er war das Gegenteil von Erziehertyp", erzählte sie Klaus Siblewski in dem oben erwähnten Interview.

Auch in Georg Hensel, dem damaligen Feuilletonchef des Darmstädter Echo fand sie einen wohlwollenden Mentor, der regelmäßig Kurzgeschichten von ihr veröffentlichte.

Ohne dass sie daran zunächst irgendwelche Gedanken verschwendet habe, sei ihr erst in der Rückschau bewusst geworden, wie wichtig die Personen sind, mit denen man beim Veröffentlichen unmittelbar zusammenarbeitet.

Mit Gabrieles „Entdecker", dem Mitbegründer und langjährigen Herausgeber der *Akzente* treffe ich mich in Köln, um mir von ihm seine Erinnerungen an Gabriele Wohmann erzählen zu lassen. Hans Bender (1919 geboren) hat mit nahezu allen bundesrepublikanischen Autoren und auch denen, die vor der Wiedervereinigung in der DDR oder im Exil lebten, persönlichen und schriftlichen regen Austausch gepflegt. Er erinnert sich noch genau daran, dass Walter Höllerer ihm die Erzählungen dieser unbekannten Autorin zuschickte und ihm die Entscheidung überließ, ob und welcher der eingesandten Texte von dieser Gabriele Wohmann-Guyot möglicherweise in die *Akzente* aufgenommen werden könnte. Die Zeitschrift hatte sich in den wenigen Jahren seit ihrer Gründung 1954 zu einem wichtigen kulturellen Kommunikationsorgan entwickelt. Sie bot vielen jungen Autoren und Autorinnen ein Forum, ohne dass sie einer stilistischen Richtung den Vorzug gab. Nach einer langen Periode einer nur systemkonformen Literatur während des Nationalsozialismus sahen die Herausgeber es als wesentliche Aufgabe, eigenständiges Denken und Urteilen durch Literatur zu fördern. Lebhaft steht Hans Bender noch die Situation vor Augen, wie er vor mehr als fünfzig Jahren die Erzählungen von Gabriele Wohmann las.

„Die Manuskripte waren wunderbar getippt", erzählt er mir, „wie von einem Schreibbüro. Höllerer hatte sie zuerst gelesen und sie mir nach Mannheim geschickt. Ich weiß noch, es war ein wunderschöner Sommersonntag, und ich habe mich auf eine Wiese am Rhein gesetzt und alle Erzählungen gelesen. Und da war eine, die hat mir ganz besonders gefallen, das war *Ein unwiderstehlicher Mann.*"

Diese Erzählung wählte er aus für die Veröffentlichung in *Akzente*. „Ich mochte Geschichten besonders gern, die nicht so literarisch, schwierig, aufgemotzt waren. Deshalb hat mir diese so gut gefallen." Und es blieb nicht bei dieser Erstveröffentlichung. Immer wieder hat Bender Texte von Gabriele Wohmann in *Akzente* oder in seinen Anthologien veröffentlicht.

Hans Bender erzählt auch noch von anderen Begegnungen mit der Autorin, besonders von der gemeinsamen Reise in die Sowjetunion 1966, von der ich später berichten werde. Und er erinnert sich an ein sehr schönes Treffen in Bayreuth, wo es immer zur Zeit der Festspiele ein Jugendtreffen junger Schriftsteller gab. „Da haben wir so ein bisschen Gruppe 47 gespielt und Texte vorgelesen. Da war sie auch dabei." Gabriele sei sehr selbstbewusst gewesen. Und sie wurde von vielen männlichen Kollegen angeschwärmt, was nicht verwundert, war sie doch eine äußerst aparte Erscheinung. „Sie war sehr verschieden zu anderen Autoren oder Autorinnen. Sicher war sie auch ehrgeizig", erzählt er, „aber sie hatte auch so eine unbekümmerte Art." Scherzhaft habe er Kollegen gewarnt, aufzupassen auf das, was sie sagten, denn Gabriele würde alles notieren.

Ich weiß, dass solche, wenn auch scherzhaft gemeinte „Warnungen", ihren Grund darin haben, dass Gabriele Wohmann eine überaus scharfe Beobachtungsgabe hat. Warum aber, so habe ich mich gefragt, hat sie in ihren Geschichten von Beginn an menschliche Beziehungen, sei es innerhalb einer Ehe oder der Familie, unter Geschwistern und in anderen sozialen Gefügen so „ex negativo" behandelt, wo sie doch immer wieder ihre glückliche Kindheit in einer als heil erlebten Familie betont? Warum hat von einem solchen Glück in ihren anfänglichen Prosaarbeiten so wenig Niederschlag gefunden? Mir scheint es dafür nur eine einleuchtende Antwort zu geben, die die Autorin übrigens in verschiedenen Publikationen und auch im persönlichen Gespräch selbst gegeben hat:

„Meine Kindheit war eine Verwöhnung mit den lebenswichtigen Gefühlen Liebe, Vertrauen, mit Vergebung, gnädigem Umgang der Menschen miteinander, nach dem Leitmotiv, einer möge den anderen heiterer machen. Alles hinter dem großen Gartenzaun der Familie.“ Draußen aber war die Welt keineswegs ideal: Krieg, Nazizeit und frühe Widerstandserfahrungen. Da keimt der Trotz, wächst der Unmut, da wird Gabriele Wohmann mit ihrem Schreiben ein „Sensibilisierungsprogramm“ gegen die Unstimmigkeiten entwerfen. Denn: „Die idealen Bedingungen machen anspruchsvoll, sie schärfen das Bewusstsein, und besonders die Lieblosigkeit wird einem in der Liebesumrahmung aufgewachsenen Kind immer auffallen.“

Gabriele Wohmann weiß, dass mancher Psychologe missbilligt, was sie als ideale Erziehung im Elternhaus erfahren hat. Sie sagt: „Die Einwände kennt man auswendig: So entsteht keine Erziehung fürs ‚Leben‘. So viel Sanftheit bereitet nicht auf Härte vor ... Warum aber darf nicht, wenn schon das spätere Leben deprimierend und strapaziös sein muss, eine Zeit, die erste und Maßstäbe setzende, wirklich gut gewesen sein?“ Und sie weiß auch: „Einem so beruhigten Kind, das sich die Melancholien ab und zu wie einen luxuriösen und interessanten Gefühlsabstecher leistete, würden Fachleute für Erziehung und Seele eher langweilige biografische Prognosen stellen.“

Es gibt aber noch einen weiteren Grundzug in der Erlebniswelt von Gabriele Wohmann, der nach meiner Ansicht von Anfang an konstitutiv für ihre Existenz als Schriftstellerin gewesen ist. Es sind die von ihr erfahrenen, beobachteten, analysierten „Todesspielarten zu Lebzeiten“. Die „kleinen Tode“, wenn etwas Schönes nicht andauert, wenn das schönste Spiel endet, hat Gabriele als Kind schmerzhaft empfunden. Immer wollte sie, dass das Schöne und Gute weiter besteht. „Die Zirkusvorstellung, das Theaterstück, der Film – hat eben erst angefangen. Ich, das neugierige, aufgeregte, in Vorfreude sehr vergnügte Kind, ich aber frage: Dauert es auch lang genug? Hört es auch nicht zu bald wieder auf?"

Das Motiv des Todes beziehungsweise Sterbens zieht sich wie ein rotes Band durch ihren ersten Roman und wird Gabriele Wohmann nicht loslassen. *„Leben ist sterben, dauernd"*, heißt es in „Jetzt und nie" und zwölf Jahre später im Roman „Ernste Absicht" (1970): *„Ich sterbe am Leben, immer weiter."*

Gabriele Wohmann bekennt einmal:

„Versessen bin ich darauf, dass unser menschliches Existieren als Schwebezustand zwischen Himmel und Erde betrachtet wird, oder besser so: zwischen der Erde als dem Platz, an dem wir jetzt sind, und dem Himmel, der als Sehnsucht überhaupt erst das Dichten, Malen, Komponieren erweckt."

Das vollkommene irdische Glück, nach dem Prominente im FAZ-Fragebogen gefragt wurden, das gibt es für Gabriele nicht, jedenfalls nicht von Dauer. „Es ist das", sagt sie in unserem Gespräch, „was ich mir eigentlich vom Himmel vorstelle. Hier in unserem irdischen Dasein gibt es das höchstens als Momentaufnahme. Oder wie Paulus sagt: ‚Jetzt sehen wir in einen Spiegel in einem dunklen Wort, dann aber von Angesicht zu Angesicht. Jetzt erkenne ich's stückweise…' – Dieses ‚stückweise' finde ich wichtig. Dass wir hier zu Lebzeiten doch schon stückweise, in günstigen Augenblicken, etwas erfahren können von dem, was uns einmal als Ganzes zuteil werden soll." Lebhaft fährt sie fort: „Da gibt es doch dieses wunderbare Goethe-Gedicht ‚Eigentum': ‚Ich weiß, dass mir nichts angehört / Als der Gedanke, der ungestört / Aus meiner Seele will fließen, / Und jeder günstige Augenblick, / Den mich ein liebendes Geschick / Von Grund aus lässt genießen.'"

Doch kehren wir zu den ersten Veröffentlichungen zurück. In der Erzählung „Ein unwiderstehlicher Mann", dem Band „Mit einem Messer" mit zwei Kurzgeschichten und ihrem ersten Roman „Jetzt und nie" (1958) begegnen wir der Wohmann sozusagen „in nuce". Sie betritt das literarische Spielfeld noch recht unbekümmert und doch erkennbar an Vorbildern geschult. Eine eifrige Leserin ist sie bekanntlich gewesen. Und so sind Einflüsse von Franz Kafka, Ernest Hemingway, William Faulkner, Marcel Proust und James Joyce in ihrer Sprache spürbar.

Schon in diesen frühen Texten, die man vielleicht noch als Fingerübungen zu ihrem dann sehr bald unverkennbar eigenständigen Werk ansehen kann, werden Themen behandelt, die auch das weitere Schaffen Gabriele Wohmanns begleiten. Alle drei Geschichten handeln von missglückten Liebesbeziehungen, in denen die Frauen lediglich dem Phantom Liebe hinterherjagen. Enttäuschung und Einsamkeit bleiben zurück.

Gabriele erzählt, dass die hier angesprochenen Themen für ihre späteren Arbeiten kennzeichnend seien; auch die literarische Form, aus der monologischen Perspektive einer Hauptperson heraus zu erzählen. Sie bestätigt mir, was ich bereits in den frühen Prosaarbeiten für typisch halte: die Hinzielung der Geschichten auf eine überraschende Pointe. Was zum Verständnis der mit knapper Diktion und genauer

Beobachtung geschilderten Vorgänge notwendig ist, gibt Gabriele Wohmann erst ganz zum Schluss preis; eine Technik, die sie immer wieder auch in späteren Erzählungen anwendet und die bewirkt, dass man bis zum Schluss gefesselt ist.

Sicher war dem Herausgeber ihres ersten gedruckten Werkes nicht bewusst, dass er mit dem Titel „Mit einem Messer" (es gab ja darin auch noch die Erzählung „Sand der Enttäuschung") sozusagen das Wohmannsche Programm setzte.

Die namenlose Ich-Erzählerin verliebt sich unter der „wirkungsvollen Konstellation" von südlicher Sonne, Lavendelduft, Pastis und dem Azurblau des Meeres an der Côte d'Azur in einen jungen Mann, der gar nicht ihr Traumtyp ist, erhofft sich eine Affäre und wird von ihm abgewiesen. In dieser frühen Erzählung behandelt Gabriele Wohmann wie in vielen späteren Arbeiten bereits das Motiv einer scheiternden Liebesbeziehung.

Die Erzählung endet folgendermaßen: „*Das grüne Licht seiner Augen kam zu mir durch die lichte Dunkelheit: in ihnen barg sich das zärtliche Mitleid des Arztes, der weh tut, um zu heilen. Ich hockte mich neben ihn. Berührte ich ihn, weil ich mich sicher glaubte, mich dazu aufgefordert fühlte durch seinen Kuß? Oder lockte mich das helle Messer, war ich krank genug, um die schmerzhafte Operation einer gnädigen Schonung vorzuziehen? Ich starrte in die Blattgrimasse vor dem schwarzen Spalt, starrte auf den Flug des Messers: die Schneide zog rasch, tonlos, weißlich leuchtende Buchstaben ins schwere Fleisch der Pflanze. Eine saubere kleine Wunde: Er ritzte es hinein, und ich las: NEIN.*"

Typisch für Gabriele Wohmann ist das Sezieren menschlicher Gefühle, das wie in einer schmerzlichen Operation durchgeführte Offenlegen von Monstrositäten im menschlichen Umgang miteinander und auch das NEIN zu allen Formen von Unmenschlichkeit, Unterdrückung, und sei es noch im kleinsten Bereich. Aber eine Operation soll letztlich die Heilung von etwas Krankem bewirken. Ich denke, so versteht Gabriele Wohmann ihr Schreiben. Scharf und tief wie mit einem Messer zerschneidet sie mit ihren Analysen die Oberflächen.

Dazu schreibt Heinz F. Schafroth: „Der unerbittlich und gefühllos wirkende schriftstellerische Blick Gabriele Wohmanns ist mißverstanden worden. Die Kritik hat gelegentlich ‚den Sinn solcher Literatur, die statt erzählend Verständnis zu wecken, nur mit Fingern zeigt', ernsthaft und, von Gabriele Wohmanns jetziger Position aus, mit bedenkenswerter Argumentation in Frage gestellt."

Überhaupt die Kritik. „Da sagen sie immer, die schreibt ja nur über Bagatellen, nur über den Alltag! Als wenn da nicht mehr dahinter steckte", seufzt sie.

In der Tat, wer den Alltag, die kleinen Miseren, die kleinen Verschrobenheiten, Heucheleien, Eifersüchteleien im Zusammenleben von Paaren, Familien und in der Gesellschaft so genau, mit solch psychologischem Spürblick in einer so ironischen Brillanz zu schildern vermag wie Gabriele Wohmann, die ja geradezu eine Spezialistin im Beschreiben des eigentlich immer etwas brüchigen Alltagsfriedens ist, muss in Wirklichkeit eine große Sympathie für die Menschen ganz allgemein, insbesondere für deren Schwächen haben.

„Das ist richtig", sagt sie in unserm Gespräch. „Dieses Interesse von mir am Menschen ist ja auch immer eine Gratwanderung. Gerade die ausflippenden Leute, die kann ich ganz gut verstehen, besser als die, die alles richtig machen." Viel zu selten, so stellt sie bedauernd fest, wird das so gesehen. Jahrelang wurde ihr Scharfblick, der das Unstimmige hinter den Fassaden bürgerlicher Wohlanständigkeit bloßlegt, ihr einseitig als „böser Blick" ausgelegt. Nein, „böse" ist dieser Blick gewiss nie gewesen, auch wenn sie am Anfang ihres Schreibens die Satire bevorzugt hat. Aber gerade um solche Art von durchaus sarkastischen Geschichten schreiben zu können, muss intellektuelle Distanz, aber auch ein hohes Maß an mitfühlender Anteilnahme da sein.

„Ich finde, dass daraus doch geradezu Menschenliebe spricht", sage ich, und Gabriele stimmt mir freudig zu. „Nur leider, es sind die wenigsten, die das entdecken", erwidert sie. „Würde ich mich denn sonst immer wieder von morgens bis abends mit diesen Leuten beschäftigen? Dieses Interessiertsein an ihnen ist ja eine Form von Gernhaben." Auskunft gebend über sich und ihre Schreibarbeit hat sie einmal formuliert: „Die Wirklichkeit muss ihre Belanglosigkeit verlieren, ihre Verwechselbarkeit, Austauschbarkeit."

Andererseits ist gerade diese Art kühl erscheinender und unerbittlicher Bloßlegung von menschlichen Schwächen, Boshaftigkeiten und Unzulänglichkeiten im menschlichen Miteinander zu ihrem Markenzeichen geworden, zum – wie Schafroth anmerkt – „vielbewunderten Gütezeichen Wohmannscher Prosa, die in dieser Hinsicht durchaus an die Prosa Heines erinnern mag."

Die ersten Erzählungen Gabriele Wohmanns waren in stilistischer Hinsicht noch eher konventionell. Zu ihrer Erzählung „Ein unwiderstehlicher Mann“ äußerte sie sich später selbst kritisch: „Eine ziemlich konstruierte Sache mit Konversation, Fremdwörtern, Pointe und einer Ironie-Version, die heute nicht mehr meine ist. Als Geschichte, thematisch und formal, ist das heute weit von mir entfernt, von dem, was ich nun schreibe und schreiben will, und wie ich schreibe und schreiben will.“ (Gespräch mit Ekkehart Rudolph, 1971) Nichtsdestoweniger beurteilte Rainer Hagen in einem Aufsatz über Gabriele Wohmanns frühe Prosa (in: Schriftsteller der Gegenwart, 1963) ihre erste Erzählung positiv: „Diese Geschichte ist zwar konventionell, aber vorzüglich, die Autorin benutzt zwar fremdes Handwerkszeug, aber sie weiß etwas damit anzufangen.“

Dagegen sind in ihrem ersten Roman „Jetzt und nie“ schon deutlich der für sie später kennzeichnende Duktus und „Wohmann-Sound“ und vor allem die Thematik angelegt. In oft telegrammartig verkürzten Sätzen, hier schon das Stilmittel des inneren Monologs aufgreifend, breitet Gabriele Wohmann in diesem Romanerstling das traurig-düstere Leben des namenlosen Bitumenvertreters aus – gerafft in den Ablauf von vierundzwanzig Stunden eines Tages –, in der Einsamkeit und Trostlosigkeit seines verhinderten Daseins als Poet, das er sich einmal erträumt hatte, verhindert durch die Heirat mit einer ihm nicht ebenbürtigen Frau, schuldvoll belastet durch einen behinderten Sohn und entfremdet durch einen ungeliebten, unattraktiven Beruf. Die Hoffnungslosigkeit eines solchen Lebens aus zweiter Hand verfolgt den

Leser auf jeder Seite. Das leitmotivisch wiederkehrende „Sterben wie eine Muschel“ und der im Kontrast dazu ironisierende Refrain „isn't it romantic“ verdeutlichen das ganze Unglück des Protagonisten, der seinen Glücksanspruch mit Alkohol und erotischen Abenteuern zu verwirklichen sucht. Dass ein solches Vorgehen ihn nur noch stärker in die absolute Hoffnungslosigkeit hineinzieht, liegt auf der Hand. Dieser Bitumenvertreter (Bitumen übersetzt Gabriele Wohmann an einer Stelle des Romans mit Erdpech) spürt in lichten Momenten, dass er sich sein Lebenspech selbst zuzuschreiben hat durch seine Charakterschwäche. Seinen fünfjährigen Sohn Ritz hat er in eine Anstalt abgeschoben. Seine inzwischen tödlich erkrankte Frau Veronika betrügt er mit leichten Mädchen. Seine Freizeitbeschäftigung als Kulturvertreter, die ihn eigentlich an bessere Zeiten erinnert, vernachlässigt er, indem er sich ziellos treiben lässt.

„Tu oder laß, nichts rettet dich, sie oder ihn, uns. Das Leben, meine Zukunft, ist Konjugation. Konjugieren Sie bitte das verneinte Futurum, welches gleichsam die Biographie des nicht zu sehr überragender Bedeutung gelangten Bitumenlyrikers wäre, des Tonmalers, könnte sagen Improvisators. Er vertrat das Erdpech in der Welt, Bitumen, reiste rum und bot Erdpech feil.“

Gabriele ist auf diesen ersten männlichen Helden auch nachträglich noch richtig stolz. „Er sollte auf jeden Fall einen absolut unkünstlerischen Beruf haben“, erzählt sie, „und dazu habe ich meinen älteren Bruder ausgefragt. Ich stelle auch fest, dass mein erster Protagonist viel älter war als ich zu meiner Schreibzeit. Die Älteren haben mich schon immer mehr interessiert als die Jungen und Gleichaltrigen. Also ein Mann in der was man heute ‚midlife-crisis' nennt mit seinen Melancholien, ja einer gewissen Todessehnsucht. Ich habe eben schon als Kind viel über die Vergänglichkeit nachgedacht."

Es ist erstaunlich, dass in diesem Romanerstling schon sämtliche Themen späterer Texte, sei es in Kurzgeschichten oder in Romanen, vorhanden sind: Kontaktschwäche, Beziehungsunfähigkeit, Selbstentfremdung, Einsamkeit, Tod, Leiden, Vergänglichkeit, Angst, Schuld, Lebensunfähigkeit, Verzweiflung.

Das sind, wie man unschwer erkennt, ausschließlich negativ besetzte Begriffsfelder. Aber, so sagt Gabriele Wohmann: „Niemand hätte eine Ahnung vom Glück, wenn er nicht im Umgang mit dem Unglück geübt wäre. Glück würde nicht empfunden, ohne das Unglück existierte es nicht."

Und das ist die paradoxe Wirkung ihrer nur scheinbar so trostlosen Geschichten (auch schon ihres ersten Romans): Dass man sich als Leser als trostbedürftig empfindet und Mitleid mobilisiert mit denjenigen, denen wer oder was auch immer das Glück verweigert.

Was will Gabriele Wohmann mit dem, was sie schreibt und wie sie es schreibt?

„Zuerst einmal überhaupt aufmerksam machen. Die scheinbar unscheinbaren Beschädigungen als monströs entlarven." Und: „Gerade weil ich vom Alltag viel halte, weil ich sein Gelingen für sehr wichtig halte, gerade deshalb zeige ich auf seine hässlichen Kehrseiten, auf sein zerstörerisches Misslingen." (Ekkehart Rudolph, 1971)

„Gesunde leben nur partiell. Leben lebt am Leben vorbei. Muß mal kurz vor dem Abkratzen gewesen sein um zu wissen, wie leben ist. Schweinerei, übler Betrug. Müssen alle weg. Wohin? Keinen Leichtsinn, unterlassen Sie. Wollen uns mit aller Gewalt am Leben erhalten. Alle. Quasseln vom schönen Jenseits, wollen aber nicht hin. Keiner." – „Find dich damit ab, keep smiling, mach das Beste draus. Um lebendig oder tot zu werden, streb ich weg. Werden. Tot werden klingt besser als sterben. Kein Ende sondern vielleicht ein Anfang. Peut-être. Sein himmlisches Reich. Wenn sie sagen: er ist gestorben, dann ist er ein Toter gewesen, von dem sie nichts mehr wissen, nichts mehr wissen wollen aus Angst. (…) Aber Herr, laß die Vergangenheit Zukunft sein, Ende wird Anfang, Herr, laß uns Futur werden, laß uns im Tod werden, gib uns ein neues Land und eine neue Wohnung, neue Namen."

Noch viele Zitate könnte man anfügen, die zeigen, wie eine noch sehr junge Schriftstellerin in diesem ersten Roman in der Bearbeitung der für sie spezifischen Themen ihr Handwerk beherrscht.

„Nach was meine Personen suchen und ob sie überhaupt im pathetischen Sinne suchen – ich weiß es nicht", sagt Gabriele. „Sie befassen sich mit dem Tod, nach Canetti die ‚größte Beleidigung des Menschen', aber auch ob das stimmt, sind sie sich nicht so klar. Sie hoffen noch, es könnte anders sein. Es ist ja ein Elend, dass Erlösung erst nach dem Tod stattfinden soll." (Ekkehart Rudolph, 1971)

Gabriele Wohmann ist in Interviews häufig nach ihren Schreibanfängen gefragt worden, ob es einen Anlass dazu gegeben habe. Die durchgängige Antwort lautete stets, es habe keinen dramatischen Anlass gegeben, jedenfalls könne sie sich nicht an einen solchen erinnern. Bei meinen Recherchen für diese Biografie bin ich dann aber doch auf eine Antwort gestoßen. In der Sendereihe des Süddeutschen Rundfunks „Autoren im Studio“ hat Ekkehart Rudolph mit bedeutenden Autoren Interviews geführt, die in den Buchpublikationen „Protokoll zur Person“ (1971) und „Aussage zur Person“ (1977) veröffentlicht wurden. Aus dem Letzteren zitiere ich folgende Passage:

Rudolph:

„Sie haben einmal gesagt: ‚Warum ich schreibe mit den Todesspielarten zu Lebzeiten: Sie veranlassen ausreichend streng und penetrant, dass ich schreibe.‘ Ist diese Angst vor dem Leben und vor dem Tode ein Anlass für Sie gewesen, mit dem Schreiben anzufangen?“

Wohmann:

„Ja. So schwer es mir fällt, über diesen ersten Anfang zu sprechen, so, glaube ich, haben Sie Recht damit.“

Die Aussage Gabriele Wohmanns, auf die sich Rudolph mit seiner Frage bezieht, entstammt dem autobiografischen Essay „Jemand der schreibt“ aus dem Jahr 1971, in dem sie auf Fragen, Vorwürfe, Missverständnisse ihrer Leser und Kritiker, warum sie schreibe, warum so und nicht anders, warum dieses und nicht jenes Sujet behandelnd, ironisierend reagiert. Doch im letzten Absatz des Essays, dem die von Rudolph zitierte Passage entstammt, wird die Ironie fallengelassen: „Ich bin einfach jemand, der schreibt. Ich bin normal eitel, also freue ich mich über Erfolg. Ich bin weitgehend abgehärtet oder wiederum auch hier normal eitel: Ich fühle mich nicht übermäßig beeinträchtigt durch das gelegentlich wohl unvermeidliche Missverständnis, durch das pädagogisierende, nörglerische Besserwissen, Besseresverlangen. Besseres verlange ich sowieso von mir selber jeweils. Mir scheint, ich bleibe etwas unseriös gegenüber den Reaktionen auf mich. Das ist gut für mich. Der Ernst reicht mir aus in meinem täglichen Umgang mit dem, WAS ich schreibe, und mit diesem nicht ganz abgesicherten: WARUM ICH SCHREIBE. Mit den Todesspielarten zu Lebzeiten. Sie veranlassen ausreichend streng und penetrant, DASS ich schreibe."

Gabriele Wohmanns Schreiben ist von Anfang an durch einige Kriterien geprägt, die für sie kennzeichnend sind. Heinz F. Schafroth beschreibt diese für Wohmann spezifische Art ihrer Herangehensweise an den bearbeiteten Stoff in „Kritisches Lexikon zur deutschsprachigen Gegenwartsliteratur" folgendermaßen: „Von Anfang an ist das Beharren auf dem Privaten in Gabriele Wohmanns Werken nicht einfach Flucht vor der Welt, sondern Selbstbehauptung und Aufsässigkeit, oder auch, mittels zweier Prosabände der Autorin formuliert, ‚Selbstverteidigung' und ‚Gegenangriff'. (...) Gerade in dem einen Punkt ist Konstanz festzustellen: nämlich im Insistieren auf der Mitteilungswürdigkeit des Privaten und zugleich auf der Einsicht, dass es das Private im Grunde nicht gibt, dass es ein Raum ist, wo die Konspirations- und Unterdrückungsmechanismen der Gesellschaft nur überdeutlich abgebildet und besonders schmerzlich zu erfahren sind."

Lange vor der Zeit der allfälligen Gesellschaftskritik in den späten Sechzigerjahren des vorigen Jahrhunderts nimmt Gabriele Wohmann sich in „Jetzt und nie“ auch dieses Themas an. So schildert sie die Entfremdung des Selbst durch einen Beruf, der den Protagonisten im Passiv leben lässt. In dem Gespräch mit Ekkehart Rudolph kommt sie darauf zu sprechen: „Das Problem ist: Eine Person ist nicht (darf nicht sein), was sie selber ist (oder zu sein glaubt), sie ist in der Außenwelt eine Erwartung ihrer selbst, eine Vorstellung von ihr, ein Abbild in den Köpfen anderer.“

Auch ich spreche sie auf die sogenannte Gesellschaftskritik in diesem Roman an. „*Die* Gesellschaft“, sagt sie, „beschreibe ich sowieso nie. Ich bin immer skeptisch, wenn jemand *die* Gesellschaft sagt. Ich mache schreibend aufmerksam, ich zeige, wo es anfängt mit Intoleranz, Anpassung, Unmoral. Gesellschaftsveränderung kann ich nur schreibend bewirken, wenn überhaupt.“

Auch bevor die Frauenemanzipation ein Thema wurde, behandelt Gabriele Wohmann es in ihren schriftstellerischen Anfängen. In „Sand der Enttäuschung“ sehnt sich eine verwitwete nicht mehr junge Frau nach Liebe und sieht sich hinterlistig getäuscht durch das Objekt ihres Liebesverlangens, das es nicht auf sie, sondern auf ihren Schmuck abgesehen hat. Auch in „Mit einem Messer“ und „Ein unwiderstehlicher Mann“ – alle drei Geschichten werden aus weiblicher Perspektive erzählt – ist die Haltung der Frauen gegenüber den von ihnen ersehnten männlichen Liebespartnern eine deutlich inferiore. Aus dem Wie der Schilderung dieser sich dem Mann unterordnenden Frauen wird aber die Ablehnung der Autorin deutlich. Gabriele Wohmann nimmt hier schon – in der Negativdarstellung von Frauengestalten, die sich nur über den Mann definieren – ein Thema vorweg, das sich erst zehn Jahre später offiziell in der feministischen Bewegung Bahn brechen sollte.

„Für Frauen existiert keine Vorstellung vom Glück ohne den Mann, außerhalb des Bereichs ihrer Weiblichkeit, weil ihr Geschlecht sie in Ketten legt. Unsere Sklaven. Erbetteln von uns Belohnung, Trost, weil sie geprellt werden", lässt Gabriele Wohmann ihren Bitumenvertreter in „Jetzt und nie" räsonieren. Auch diese Thematik wird leitmotivisch wiederholt in dem französischen Spruch: *„Il est posé en principe que l'homme doit être heureux, et que la femme ne doit pas l'être"* („Es steht prinzipiell fest, dass der Mann glücklich sein darf, die Frau aber nicht", Übersetzung I.S.). So gesehen hat der männliche Protagonist auch nur im Sinn, sich durch die Mädchen, mit denen er seine Frau, die er in ihrer Hinfälligkeit nur noch bemitleiden kann, betrügt, sich das Glück, das ihm vermeintlich zusteht, zu verschaffen. Indem ihm dies aber nicht gelingt, macht Gabriele Wohmann deutlich, dass diese Einstellung ein Irrtum ist.

Einen weiteren Aspekt patriarchaler Strukturen greift Gabriele Wohmann auf mit den Vorwürfen, die der Protagonist seinem Vater macht, der ihn offenbar nicht aufs Leben vorbereitet hat. In dem leitmotivisch verwendeten „Hätt er mir gesagt" schiebt der lebensuntüchtige Bitumenvertreter diese seine Lebensuntüchtigkeit seinem Vater zu und räumt diesem die alleinige Macht ein, über sein Leben zu bestimmen. *„Hätt er mir gesagt, dass ich Diener sein würde unter Dienern, Knecht unter Knechten."* *„Hätt er mir ge-*

sagt, dass meine Zukunft stinkt. Hätt er gesagt, dass sie Malz ist und Stepp und belegtes Zimmer dreiundzwanzig und Kopfbauchbeinweh." Für die miese Arbeitswelt, für seine Alkoholabhängigkeit, das verpasste Rendezvous im Hotel, für Schmerz und Unwohlsein – für alles findet der Protagonist einen Schuldigen, seinen Vater, und stiehlt sich aus der eigenen Verantwortung. Selbst noch seinen Sohn Ritz lastet er dem Vater an: „*Hätt er gesagt, daß mein Leben abhinge vom blassen mißgetönten Produkt meiner Schuld, meines Fleisches. Daß ich nicht sterben könnte seinetwegen. Daß ich nicht sterben könnte wie eine Muschel, wild in den Wind geweht.*"

Von der Kritik beachtet wurde dieses Romandebut damals kaum. Zur Erscheinungszeit erfolgte nur eine Handvoll Besprechungen. Erst in späteren wissenschaftlichen Darstellungen zu ihrem Werk wurde auf dieses frühe Zeugnis von Könnerschaft Bezug genommen. Gabriele Wohmann war mit ihrem ersten Roman einfach ihrer Zeit in literarischer und thematischer Hinsicht voraus. Man muss sich nur vergegenwärtigen, dass Ende der Fünfzigerjahre in Filmen wie „Sissi", „Die Trappfamilie" oder „Grün ist die Heide" Themen der heilen Welt von Heimat und Familie große Verbreitung und Zustimmung fanden und an Gesellschaftskritik und Emanzipation nicht im Traum zu denken war. Überhaupt machte schon der Umstand, dass sich hier eine Schriftstellerin in der weitgehend von männlichen Kollegen dominierten Literaturszene zu etablieren begann, klar, welche Bedeutung Gabriele Wohmann innerhalb der deutschen Literatur der jungen Bundesrepublik einnehmen sollte.

Öffentliche Anerkennung (1960–1970)

Das Jahr 1960 markiert zweifellos den rasanten Aufstieg einer jungen Schriftstellerin ins literarische „Establishment".

Im Piper Verlag erscheint in diesem Jahr der erste größere Sammelband mit zwanzig Erzählungen Gabriele Wohmanns unter dem Titel „Sieg über die Dämmerung".

Im selben Jahr wird die Autorin in den P.E.N. gewählt und zum ersten Mal von Hans Werner Richter, dem Gründer der Gruppe 47, zu einem Treffen eingeladen. An diesen Treffen wird sie bis zur Auflösung der Gruppe im Jahr 1967 teilnehmen.

„Hans Bender und Günter Grass beanspruchen beide für sich, mich Hans Werner Richter vorgeschlagen zu haben", erzählt sie. Und mit einem Lächeln gesteht sie mir, dass sie mit dieser Einladung eine „publizitätssüchtige Hoffnung" verbunden habe. Ich kann das gut verstehen, befand sie sich doch noch am Anfang ihrer Schriftstellerkarriere, und es war ja erklärtes Ziel der Gruppe 47, junge Autoren und Autorinnen im Nachkriegsdeutschland zu fördern.

„In den Anfängen war die Zahl der Schriftsteller noch überschaubar", erinnert sich Gabriele. „Etwa sechzig Autoren trafen sich ein bis zweimal im Jahr an wechselnden Orten, um sich mit einem vorgelesenen Text der Kritik ihrer Kollegen zu stellen."

Ich denke an die Namen, die seit 1947 – dem Gründungsjahr der Gruppe – eingeladen worden waren, und kann ermessen, dass es gerade für eine junge, noch unbekannte Autorin wie Gabriele von außerordentlicher Bedeutung war, „dabei zu sein“: Günter Grass, Heinrich Böll, Ingeborg Bachmann, Paul Celan, Peter Handke, Peter Rühmkorf, Martin Walser, Walter Jens, Siegfried Lenz, Uwe Johnson und eben Gabriele Wohmann. Frauen waren in dem literarischen Eliteclub nur in der Minderheit vertreten.

Gabriele erzählt: „Wir wussten natürlich alle, dass Günter Grass 1958 das erste Kapitel seiner ‚Blechtrommel' in der Gruppe gelesen hatte. Er wurde dafür mit dem Preis der Gruppe 47 ausgezeichnet und danach quasi über Nacht zum literarischen Star. Die Verleger rissen sich um ihn. Zuvor hatten Heinrich Böll, Ingeborg Bachmann und Martin Walser den Literaturpreis erhalten, und auch sie sind kometenhaft aufgestiegen. Kein Wunder, dass man sich als junger Autor drängte, an den Gruppentagungen teilzunehmen.“

Mittlerweile hatten sich neben den Autoren auch professionelle Kritiker bei den Treffen etabliert. Unter ihnen: Marcel Reich-Ranicki, Joachim Kaiser, Hans Mayer. Gabriele erklärt: „Als ich erstmals an einem Treffen teilnahm, war die Gruppe 47 schon kein reines Autorentreffen mit Werkstattcharakter mehr. Und später wurden die Tagungen immer mehr zu einer Plattform der Öffentlichkeit, an denen auch Lektoren und Verleger der wichtigsten Verlage sowie Film- und Fernsehleute teilnahmen. Es gab dann diesen berühmt-berüchtigten ‚elektrischen Stuhl‘, auf dem die Vorlesenden Platz nehmen und sich der

Kritik stellen mussten. Der wurde von den Autoren gefürchtet, denn er konnte sich schnell zum Schleudersitz wandeln."

Mir fällt dazu eine Bestätigung von Fritz J. Raddatz ein, der damals Cheflektor des Rowohlt Verlags war. Er schrieb: „Es hatte natürlich auch negative Aspekte, das darf man nicht unter den Tisch kehren: negative Aspekte, dass die Autoren ungeheuer verängstigt waren, weil sie wussten, hier geht es um Kopf und Kragen. Fällst du durch, kriegst du kein Verlagsangebot. Oder gar Autoren, die gerade mal anfingen, ein zweites Mal lasen, auf den Bauch fielen, der Verleger sich gar zurückzog. Es war dann Schluß für Autoren, glaube ich, manchmal ziemlich hart, wie ich gesagt habe, Härtetest, weil dann auch allmählich kommerzielle Interessen mit hineinspielten." (Zitiert nach: Heinz Ludwig Arnold, Die Gruppe 47, S. 97/98)

Gerade Anfang der Sechzigerjahre setzte eine enorme Verjüngung innerhalb der geladenen Autoren ein, was die Attraktivität der Gruppe, die kein eingetragener Verein war, folglich auch keine „Mitglieder" kannte, nur noch erhöhte.

Ich finde es eigentlich erstaunlich, dass Gabriele, die Individualistin, die stets eine starke Abneigung gegen alle Gruppenzugehörigkeiten hatte, überhaupt an den Tagungen der Gruppe 47 teilgenommen hat. Heute beurteilt sie ihre Teilnahme durchaus auch kritisch: „Mitläuferhaft war ich darauf bedacht, dabei zu sein, weil es leider damals für mich ein Reiz war, in einem Feuilleton erwähnt zu werden."

Nach sechs Jahren Teilnahme notiert sie nach dem Treffen der Gruppe 47 in Princeton, USA, mit deutlicher Distanz: „Abgesehen vom Schauplatz – dessen europäisches Aussehen aber davon ablenkte – gab es keine Sensationen, die Tagung war früheren ähnlich, so ist es immer, immer könnte man dies oder jenes Prosastück oder Gedicht schon einmal gehört haben, gar nicht zu reden von den Argumenten der Kritik (...) Der Eindruck der Austauschbarkeit geht sicher aber auf die besondere Stimmung zurück, die bei kleinen Hinrichtungen, großen Überschätzungen und dauernder Erwartung von beidem entsteht. (...) Auch das allgemeine Genörgel am Ende der Lesungen, so als seien sie diesmal ganz besonders unergiebig und mittelmäßig gewesen, auch der Superlativ ‚schlechteste Tagung' gehören zum Üblichen. Unzufriedenheit gehört dazu, auch diesmal."

Vierzig Jahre später wurde bei Arte der Film von Andreas Ammer „Vom Glanz und Vergehen der Gruppe 47" ausgestrahlt. Zu ihren Erinnerungen wurden unter anderem Günter Grass, Dieter Wellershoff, Martin Walser, Joachim Kaiser, Walter Jens und Gabriele Wohmann befragt, die dazu auf einen symbolischen „elektrischen Stuhl" platziert wurden. Man erinnerte sich an eine zwanglose Atmosphäre mit Diskussionen, Tanz und viel Alkohol, aber auch an die Grausamkeit des Rituals, das so gefürchtet war, dass manch Eingeladener aus Angst lieber fernblieb. Auch Gabriele Wohmann wurde einmal heftig zerrupft mit ihrer Erzählung „Alberts Programm", fand allerdings in Joachim Kaiser und Alexander Kluge Verteidiger. „Ich frage mich nachträglich, wie ich das ausgehalten habe", sagt sie im Film, „wozu dieser Exhibitionismus. Ist ja überhaupt nicht nötig, bleib zuhause an deiner Schreibmaschine."

Man sieht im Film in der Rückblende eine scheue Gabriele Wohmann, jung, attraktiv und ein bisschen verloren wirkend inmitten einer Schar von Autoren, die vor Selbstsicherheit strotzen. „Ob ich erfolgreich bin?“, antwortet sie in dieser frühen Filmsequenz bescheiden. „Ich weiß es nicht. Ich wünschte, es wäre so.“ Anders als Grass und Walser, die gerne an die Tagungen der Gruppe 47 zurückdenken – haben sie ihnen doch nicht unwesentlich ihren Erfolg zu verdanken – erinnert sich Gabriele Wohmann, der ihre Teilnahme an den Treffen insgesamt nicht viel genützt hat, an nichts Besonderes bis auf den Eklat, den bei der Princeton-Tagung ein damals völlig unbekannter junger Autor – Peter Handke – mit seiner Rede über die „Beschreibungsimpotenz“ deutscher Prosa und die „völlig läppische und idiotische Literatur“ auslöste.

„Das war eine gewisse Sensation“, sagt sie, „und die Gruppe 47-Leute waren sehr verärgert zu erfahren, dass sie obsolet waren. Vom Handke aus war das ganz schön schlau.“

Ein Jahr später war dann tatsächlich das Ende der Gruppe 47, die lange Zeit *die* Repräsentanz der deutschen Literatur gewesen war. Sie hatte aufgehört, Avantgarde zu sein. Beim letzten Treffen in der Pulvermühle 1967 demonstrierten Studenten gegen die „Papiertiger“ der Gruppe 47 und reklamierten die Progressivität für sich.

Ein anderes wichtiges literarisches Organ, in das Gabriele Wohmann 1960 gewählt wurde, war der P.E.N.-Club beziehungsweise das P.E.N.-Zentrum Deutschland, das seinen Geschäftssitz in Darmstadt hat. Es wurde 1925 gegründet, 1934 von den Nationalsozialisten aufgelöst und nach dem Zweiten Weltkrieg 1948 in Göttingen erneut gegründet. Es ist Mitglied des Internationalen P.E.N. Der ursprüngliche P.E.N. (die Buchstaben stehen für: Poets, Essayists, Novelists) wurde 1921 in England gegründet und gilt heute als wichtigste Stimme für verfolgte und unterdrückte Schriftsteller. Mitglied des P.E.N. kann nur werden, wer aufgrund besonderer schriftstellerischer Leistungen hinzugewählt wird und sich zu den Prinzipien (der Charta) des Clubs bekennt: Literatur kennt keine Grenzen. Daher muss ein ungehinderter Gedankenaustausch zwischen allen Nationen möglich sein. Gegenseitige Achtung, Bekämpfung von Rassen-, Klassen- und Völkerhass sind verpflichtende Maximen.

Nur wenige Jahre nach dem Ersten Weltkrieg gegründet lagen die Schwerpunkte des P.E.N. zunächst darin, Frieden und Völkerverständigung durch die Einbindung so vieler Nationen wie möglich zu fördern. Angesichts von Verfolgung, Unterdrückung und Zensur von Schreibenden in aller Welt begann der P.E.N. sich zunehmend für deren Rechte und die Durchsetzung freier Meinungsäußerung einzusetzen. Es ist das Verdienst des P.E.N., dass weltweit die Aufmerksamkeit auf diejenigen gerichtet wird, die zum Schweigen gebracht werden sollen. Sich gegen jede Art von Zensur zu wenden, ist das erklärte Ziel dieser wichtigen Schriftstellervereinigung,

„In Darmstadt“, so erzählt mir Gabriele, „gab es einen sogenannten P.E.N.-Stammtisch, der einmal wöchentlich stattfand und an dem außer mir zwölf Männer regelmäßig teilnahmen.“

In ihrem Essay „In Darmstadt leben die Künste" beschreibt sie die Atmosphäre dieser Stammtische:

„Das Lokal ist eine Baracke mit einem Nebenraum vom Format altmodischer schmaler Straßenbahnwagen. An dessen Längsseiten pferchen wir uns, bei Vollzähligkeit, die selten erreicht wird, nebeneinander und einander gegenüber, zwei schmale Tische, zu Ernst Kreuders Groll mit Decken versehen, zwischen den Bankreihen. Ein Ofen heizt rasch zu heiß ein, aber der Wirt, ein alter gekrümmter Mann mit devoten Verbeugungen und persönlichem Händedruck für jeden, bei der Begrüßung großzügig mit Doktortitelverleihungen, hat Respekt vor der Empfindlichkeit von Schriftstellern."

Es wird viel palavert und noch mehr getrunken. Einer der Anwesenden protokolliert, nicht systematisch, mehr spielerisch, was dem jeweiligen Protokollführer als berichtenswert erscheint. Georg Hensel vom *Darmstädter Echo*, ebenfalls P.E.N.-Mitglied, erinnert sich in einem Wohmann-Porträt: „Und es ergab sich, dass niemand so genau und durch trockene Sachlichkeit so boshaft protokollieren konnte wie Gabriele. Deshalb wurde sie von einem Stammtischmitglied, von Gerhard F. Hering, dem Intendanten des Darmstädter Theaters, eingeladen, das Entstehen einer Aufführung von den ersten dramaturgischen Besprechungen bis zur Premiere zu protokollieren. So entstand ihr seltsames Buch ‚Theater von innen', 1966 bei Walter erschienen, ein erbarmungsloser Report, gegen den sich nicht wenige Betroffene, einschließlich Hering, hinterher zu wehren versuchten."

Es ging um die Proben zu dem Stück „Der Sommer. Dramatische Erzählung in sechs Tagen und sechs

Nächten" von Romain Weingarten, die sich über einen Zeitraum von sechs Wochen hinzogen. Wie auch in ihren Erzählungen zeigt sich Gabriele Wohmann als genaue Beobachterin, ohne falsche Rücksichten, wenn man so will, mit dem ihr immer wieder nachgesagten „bösen Blick".

Hans Bender zum Beispiel kann dieser Bezeichnung wenig abgewinnen. In unserem Gespräch sagt er dazu: „Aber den darf doch ein Schriftsteller haben. Da könnte man viele nennen, die skeptisch schreiben, das ist aber nicht böse. Bei Gabriele war es einfach so, sie wollte das, das Banale, das Abstoßende schildern." In dieser Art zu schreiben, zu beschreiben, liegt für Gabriele Wohmann eher ein moralischer Impetus, genau zu sein, Unangenehmes nicht zu verniedlichen, es beim Namen zu nennen.

Durch ihre Zugehörigkeit zum P.E.N. und zur Gruppe 47 ergaben sich viele Freundschaften zu anderen Schriftstellern. Auch über die Verlage, besonders den Luchterhand Verlag, der jahrelang ihr Verlag war, wurden bei Verlagsfesten Freundschaften gepflegt. Luchterhands Starautoren waren damals: Günter Grass, Peter Härtling, Gabriele Wohmann und Christa Wolf. Mit Christa Wolf hat sie über Jahre hinweg korrespondiert, wie sie mir erzählt, „bis sie eines Tages schrieb, ihr gefriere die Tinte im Füllhalter, es täte ihr so leid, aber sie könnte nicht mehr schreiben, weil sie im Unterschied zu mir immer gern über Politisches schrieb. Sie hatte wohl Angst vor der Zensur und hatte vielleicht keine Lust mehr."

Mit Karl Krolow, dem Dichter und wohlwollenden Begleiter nahezu all ihrer Veröffentlichungen, ab 1966 auch Nachbar auf der Rosenhöhe, mit Wolfgang Weyrauch und Georg Hensel, verband sie eine lebenslange Freundschaft. Auch Günter Grass und Marcel Reich-Ranicki statteten schon früh der jungen Autorin Besuche ab.

„Günter Grass besuchte uns, da wohnten wir noch im Pfarrhaus. Er hat uns den Anfang aus der ‚Blechtrommel' vorgelesen. Und dann haben wir gemeinsam Pilze gegessen, aber nicht selbst gesammelte, sondern aus der Dose", erzählt Gabriele lachend. „Und er rühmte meine Venuszehen, porträtierte mich in zwei Zeichnungen."

Auch an die Besuche von Reich-Ranicki erinnert sich Gabriele noch lebhaft: „Er war öfter da, im Vorgängerhaus, dann auch hier. Er trank sehr gern Whisky und erbat sich von Reiner Zigarillos. Wir machten einen kleinen Waldspaziergang, ich zitierte Goethes ‚Eigentum'. Davon wünschte er sich meine Interpretation für die FAZ. Später, im jetzigen Haus, mied er Whisky und Zigarillos – Reiner rauchte da auch schon nicht mehr, nur ich, wie lebenslänglich bisher GAULOISES – und er bat um ‚Häppchen', nichts Süßes mehr."

Trotz aller dieser Bekanntschaften aus der Literaturszene war der Aufstieg Gabriele Wohmanns als Schriftstellerin nicht kometenhaft wie bei Grass oder Walser. Anders als manch anderer ihrer Kollegen oder Kolleginnen wurde sie nicht gleich durch einen „Erstling" berühmt, wie etwa Günter Grass mit seiner „Blechtrommel" oder in den heutigen Tagen beispielsweise Judith Hermann mit „Sommerhaus später".

Sie erzählt mir, dass es mit dem Verkauf ihrer ersten Bücher, die ja Sammlungen von Kurzgeschichten waren, eher zäh voranging. Richtig gut wurde das erst mit den Romanen. Damit erreichte sie Bestsellerniveau. „Und von den Romanen waren es besonders die, die einen vielversprechenden Titel hatten, die gingen in die Hunderttausende und wurden in vielen Taschenbuchausgaben neu aufgelegt", berichtet sie mir.

Wie schwer es die deutsche Kurzgeschichte beim Lesepublikum hat, das hat auch Marcel Reich-Ranicki immer wieder mit Bedauern festgestellt und gemeint, Leser, die Kurzgeschichtenbände „gleichgültig oder ängstlich meiden, sollten wissen, dass sie sich viel entgehen lassen." Speziell auf Gabriele Wohmann bezogen hielt er in einem ZEIT- Essay (21.07.1967) den frühen Veröffentlichungsweg fest: „Gabriele Wohmann, die vor einem Jahrzehnt mit Kurzgeschichten begann, ließ sich bisher nicht beirren. Freilich ist ihr Weg, gelinde gesagt, aufschlussreich: Ein Heft mit zwei Geschichten hatte 1959 (richtig: 1958, I.S.) die ‚Eremitenpresse' gedruckt, der Band *Sieg über die Dämmerung*, der zwanzig Geschichten vereinte, folgte 1960 bei Piper. Sechzehn weitere Geschichten erschienen 1963 unter Ausschluß der Öffentlichkeit: Die Sammlung wurde von der Gesellschaft Hessischer Literaturfreunde herausgegeben (...) Den neuen Geschichtenband, der diesmal fünfzehn Arbeiten enthält, hat wieder ein anderer Verlag publiziert: Langewiesche-Brandt."

Der streitbare Kritiker holte auch gleich zum Rundumschlag gegen die Verleger aus, die in seinen Augen oftmals nicht nur literarischen Geschmack vermissen, sondern mehr noch „an dem Verstand dieser Verleger und Lektoren zweifeln lassen, und wenn man andererseits bedenkt, dass Gabriele Wohmann von Verlag zu Verlag wandern musste und dass ein Teil ihrer Geschichten überhaupt noch nicht gesammelt wurde und nach wie vor in Anthologien und Zeitungen verstreut ist, dann ahnt man die Verwirrung der Kriterien im deutschen Verlagsleben."

Dennoch: Der sehr spezifische Ton Wohmannscher Texte ließ aufhorchen. Eine Prosa, die sarkastisch-liebevoll in genauer Beobachtung die „Mikrobeschädigungen" in der Psyche ihrer Protagonisten aufs Korn nimmt. Dabei ist es ihr wichtig, wie – zum Beispiel – eine Frau gekleidet ist, was ein Mann für eine Krawatte trägt, welche Redensarten Jugendliche gebrauchen, wie das Interieur einer Wohnung beschaffen ist, um daraus ihre typisch ironischen Funken zu schlagen. Nicht das geringste Detail ist für Gabriele Wohmann unwichtig. Denn, so die Autorin: „Im Grunde handelt alle dauerhafte Literatur von den unglaublichen Kompliziertheiten des menschlichen Zusammenlebens, in dem sich winzige Kränkungen zu katastrophalen Zerstörungen auswachsen können." Und so urteilte Marcel Reich-Ranicki in dem oben erwähnten Aufsatz: „Denn Gabriele Wohmann gehört zu den besten Erzählern der in den Dreißigerjahren geborenen Generation. Und im Bereich der Kurzgeschichte gibt es im ganzen deutschen Sprachraum nur sehr wenige Schriftsteller, die ihr auch nur gleichkommen."

Was die Lakonie und Genauigkeit ihrer Geschichten, ihre Zeitbezogenheit angeht, hält der Kritiker fest: „Gabriele Wohmann braucht nicht Adenauer, den Spiegel oder die Mauer zu erwähnen, um ihre Leser über den Ort und die Zeit der Handlung ihrer

Geschichten zu informieren. Details in beiläufigen Beschreibungen, sparsam eingeführte Requisiten, alltägliche Redewendungen und gelegentliche Anspielungen in den Dialogen – es sind meist Nuancen und Winzigkeiten, die die Atmosphäre bewirken. Und die Atmosphäre ist es vor allem, die uns fast immer spüren und erkennen lässt, was fast nie gesagt wird: dass diese Geschichten in bundesrepublikanischen Städten spielen, in den späten fünfziger und in den Sechzigerjahren."

Natürlich begann auch das aparte Bild dieser jungen Autorin die Runde zu machen. „Südhessische Sagan" oder „Greco der Schreibmaschine" wurde sie genannt. Über ihre „Maße" antwortete sie in einem Interview: „Ich bin einmeterachtundsechzig groß, wiege knapp unter fünfzig Kilo, und die anderen Maße, Brustundsoweiter, lassen wir besser weg." Eine typische Wohmann-Beschreibung. Sie ist auf originelle Weise uneitel und weiß doch um ihre ganz besondere Wirkung. Auch die Gauloise gehört zu ihr und verleiht ihrer Stimme dieses gewisse dunkle Timbre.

Privat ist das Leben der Wohmanns eher unspektakulär. Seit ihrer Rückkehr von der Insel Langeoog wohnen sie im elterlichen Pfarrhaus. Neben ihrem jüngeren Bruder Martin leben auch der ältere Bruder Gerhard mit seiner Frau und seinem Sohn, sowie die Schwester Doris mit ihrem Verlobten und zwei Tanten in dem großräumigen Haus, das für alle genügend Rückzugsraum bietet.

„Sonst wäre es ja furchtbar gewesen", sagt Gabriele. Sie sei eigentlich immer diejenige gewesen, die auf Freiheit gedrängt habe. Trotzdem: Kinder und

Schwiegerkinder verstehen sich gut miteinander. Ein bisschen ist es wie in einer Großfamilie. Anfangs wird auch gemeinsam gegessen, bis, wie Gabriele erzählt, „wir uns separiert haben".

An eigene Kinder denken Reiner und Gabriele nicht. „Für mich kam das irgendwie nie in Frage", sagt sie. „Ich wäre auch keine gute Mutter gewesen bei meinem Schreiben."

Es ist in der Tat interessant und durchaus einer Untersuchung wert, dass weibliche Autoren sehr häufig kinderlos sind. Prominente Beispiele sind Virginia Woolf, Patricia Highsmith, Simone de Beauvoir, Ingeborg Bachmann, Hilde Domin. Letztere hat sich dahingehend geäußert, dass ihre Gedichte ihre Kinder seien. Und so mag es auch bei der einen oder anderen Schriftstellerin sein oder gewesen sein.

Von familiären und hausfraulichen Pflichten weitgehend enthoben kann Gabriele Wohmannn sich ganz dem Schreiben widmen. Und das tut sie mit solch einem Elan, dass in den nächsten zehn Jahren fünfzehn Bücher veröffentlicht werden, vor allem Erzählbände, aber auch zwei Romane. Außerdem werden von ihr vier Radiofeatures, drei Funkerzählungen, fünf Hörspiele gesendet und drei Fernsehfilme produziert. Nicht zu vergessen: Sie schreibt Hunderte von Buchbesprechungen.

Gabriele Wohmanns Schreibeifer wächst sich zu einer wahren „Graphomanie" aus. Als „Graphomanin" hat sie sich selbst bezeichnet, diese Bezeichnung aber später bereut, da sie bei manchem den Eindruck erwecken könnte, ihr Schreiben habe etwas mit Krankheit zu tun. Dennoch: Eine „Graphomanin" ist sie wirklich, und sie hat befunden: „Schreiben ist eine Krankheit. Nichtschreiben auch!"

„Aber anders leben könnte ich nicht", erklärt sie mir. Auf die an Schriftsteller so oft gestellte Frage „Warum schreiben Sie?", kann und will sie keine schlüssige Antwort geben. „Ich fühle mich besser, wenn ich schreibe", sagt sie schlicht, „irgendwie mehr am Leben, richtiger, vernünftiger untergebracht."

Aber dass sie nicht bloß schreibt, sondern in fast anstößiger Unmäßigkeit schreibt, hat wohl einen tieferen Grund:

„Über den Tod zu sprechen, ist eine der vernünftigsten Arten, über den Sinn des Lebens zu sprechen", hat der französische Schriftsteller André Malraux gesagt. Und dieses Wissen ist wohl auch für Gabriele Wohmann der Stachel, in immer neuen Formulierungsräuschen, detailversessen, in neuartigen und überraschenden Konstellationen dem Leser den Spiegel vorzuhalten in der Schilderung von Alltagsnöten, in manchmal beklemmenden Diagnosen von Tragödien und Missverständnissen. Von Leere und Einsamkeit, Ängsten und Sehnsüchten hinter Fassaden angeblicher Harmonie. Von Ratlosigkeit und Langeweile, Verdruss und Wohlstandsneurosen inmitten scheinbar geordneten Wohllebens.

In meisterhaften erzählerischen Kabinettstücken siedelt Gabriele Wohmann pointensicher, scharfsichtig und scharfzüngig ihre Gesellschaftsanalyse zwischen Idylle und Schrecken an, behandelt mehrebnig und gegenläufig die alltäglichen Paradoxien, die sich nicht simpel aufdröseln lassen. Auf dieser Basis ihrer Erkenntnis und Empfindung ist auch ihre nicht nachlassende Schreibarbeit zu verstehen. Nicht ein Aufbegehren, aber doch ein Anrennen gegen die Vergänglichkeit, gegen die vielen überaus misslichen Dinge des Lebens.

Schon ab 1960 erprobte Gabriele Wohmann die ihrem oft dialogisch angelegten Erzählen sehr entgegenkommenden Medien Rundfunk und Fernsehen. Durch ihre Erzählungen hatte sie bereits einen gewissen Bekanntheitsgrad erreicht. Es kamen Anfragen von Rundfunkanstalten (Westdeutscher -, Süddeutscher -, Hessischer Rundfunk, Radio Bremen), Funkerzählungen und Hörspiele zu schreiben. Gabriele Wohmann erkannte schnell die Wirksamkeit akustischer Elemente oder die Verteilung eines Erzähltextes auf mehrere Stimmen. Aber auch monologische Texte erhalten durch die sinnlich erfahrbare Stimme eines Erzählers eine zusätzliche Tiefendimension. Besonders aber für Gabriele Wohmanns Thematik des Aneinandervorbeiredens, des Wortgeplänkels, das ein echtes Gespräch über Probleme ängstlich vermeidet, und ähnliche Konstellationen von Kontaktunfähigkeit bot das Radio die ideale Strahlkraft. Kommunikationsverlust ist eines von Gabriele Wohmanns wichtigsten Themen und wurde auch von anderen Autoren dieser Zeit in Hörspielen und Theaterstücken verarbeitet, wie Samuel Beckett, Günter Eich, Edward Albee, Eugen Ionesco, Peter Handke.

Gabriele Wohmann sieht im Hörspiel vor allem die Möglichkeit, die Sprache selbst zum Gegenstand der Reflexion beim Zuhörer werden zu lassen. Sie sagt: „Der Mensch hat als das diffizilste Verständigungsmittel die Sprache bekommen. Wie geht er mit ihr um? Er kann überhaupt nicht mit ihr umgehen." Sprachklischees, viel benutzte oberflächliche Redewendungen, die sie auch in ihren Erzählungen verwendet, bieten sich für das akustische Medium Funk besonders an, um in der Überzeichnung die Aufmerksamkeit der Zuhörer auf das oftmals sinnleere Geplapper in Unterhaltungen, wie sie jeder kennt, zu lenken.

Und so ist es vielleicht nicht verwunderlich, dass sie ihren ersten Preis 1965 in diesem Genre erhielt. Für „Hamster, Hamster!", entstanden 1964, gesendet vom Süddeutschen Rundfunk 1965, wurde ihr der Funkerzählungspreis des Senders verliehen. Ein zweiter Preis folgte noch im selben Jahr, der „Georg-Mackensen-Literaturpreis für die beste Kurzgeschichte in deutscher Sprache" für die Erzählung „Eine großartige Eroberung".

Ab 1961 wandte sich Gabriele Wohmann auch dem Medium Fernsehen zu. Im Frühjahr 1961 wurde – auf Einladung des Südwestfunks – von der Gruppe 47 eine Tagung veranstaltet, die sich speziell dem Fernsehspiel widmete. Zu jener Zeit waren allerdings die meisten Autoren dem Fernsehen gegenüber wenig aufgeschlossen, ja sie zeigten sich dem damals noch recht neuen Medium gegenüber sogar ablehnend. Nur Gabriele Wohmann, die von jeher aus ihrer Sympathie für Kino und Fernsehen keinen Hehl gemacht hat, ergriff die Gelegenheit, etwas Neues auszuprobieren, und schrieb innerhalb weniger Monate ein Fernsehskript mit dem Titel „Das Rendezvous". Peter Lilienthal wollte Gabrieles Fernsehspiel inszenieren. Das Drehbuch war fertig, die Schauspieler engagiert, als unerwartet der Intendant des Südwestfunks, Bischoff, die Produktion untersagte mit der Begründung, das Stück sei zu negativ. Später, erst 1965, sendete dann das ZDF dieses erste Fernsehstück unter der Regie von Thomas Fantl.

In diesem Film geht es wie in vielen Wohmann-Texten um das Misslingen von Gemeinschaft, einer Verabredung zwischen einer Frau und einem Mann, die sich zunächst in der telefonischen Absprache erschöpft, um in einer tristen Begegnung in einem heruntergekommenen Hotelzimmer zu enden, das sämtliche Erwartungen an eine mögliche Liebe desavouiert.

„Das Fernsehen war eine völlig neue Erfahrung für mich", erzählt Gabriele mir. „Viel stärker als beim Hörspiel wirken viele andere Personen mit: Regisseur, Kameramann, Schauspieler, Cutter. Da habe ich mich wohl etwas blauäugig hineinbegeben."

In dem Aufsatz „Was ein Autor alles erlebt" schildert sie die keineswegs erwarteten Schwierigkeiten in Form von Hinhaltetaktiken. Trotz Vertragsabschlusses mit dem ZDF erfährt sie ungeahnte Widerstände mit „zeitraubenden Drehbuchdiskussionen, Neufassungen, Aufschüben".

„Ich habe mich aber nicht entmutigen lassen und in der Zeit des Wartens bereits ein neues Fernsehstück geschrieben, ‚Große Liebe', das nur drei Monate nach meinem ersten Stück im Februar 1966 ausgestrahlt worden ist, allerdings bei einem anderen Sender, dem Sender Freies Berlin."

Wenn Gabriele Wohmann sich auf etwas einlässt, tut sie es ganz. So auch beim Medium Fernsehen. Sie hat nicht etwa, was ja vielfach in Verfilmungen von literarischen Stoffen geschieht, ihre Erzählungen oder Romane von Drehbuchautoren umschreiben lassen, sondern hat dies entweder selbst getan oder eigene Originalskripte vorgelegt.

„Sie hat sich den Anstrengungen, die das Filmemachen und das Filmeschreiben erfordern, wirklich gestellt und nicht nur abträglich über die Unmöglichkeit reflektiert, einen richtigen eigenen Text in das vergröbernde, ‚unsaubere', unliterarische Medium umzusetzen", schreiben Elke Heidenreich und Rupert Neudeck 1976 in ihrem Porträt „Schreibtisch und Schneidetisch" über Gabriele Wohmann. Darin erfährt man weiter Aufschlussreiches: „Das Unternehmen Möglichkeit beim Schreiben, das Unternehmen Realität/Praxis beim Film: zwei verschiedene Prozesse, die sich dadurch weiterentwickeln, dass der Film in seiner Praxis die im Buch nur angelegte Möglichkeit verwirklicht, sinnlich konkretisiert, damit einschränkt oder/und damit auch erweitert in eine ganz andere, neue Dimension." (In: „Materialienbuch", 1977)

Noch im selben Jahr wird das Fernsehstück „Große Liebe" von der Jury des Fernsehpreises der Deutschen Akademie der Darstellenden Künste Frankfurt mit dem Prädikat „besondere Anerkennung" ausgezeichnet. Gabriele Wohmann hatte endgültig Fuß gefasst bei Funk und Fernsehen und sollte in der Folgezeit für diese Medien weiterhin arbeiten. Fuß gefasst hatte sie aber nicht nur dort, sondern in der literarischen Branche überhaupt. Eine Autorin, die nicht mehr übersehen werden konnte.

1965 erscheint Gabriele Wohmanns zweiter Roman „Abschied für länger", der von der Darmstädter

Jury zum „Buch des Monats“ gekürt wird. Von der Kritik wird er ausgesprochen positiv aufgenommen. Etwa zwanzig Rezensionen in großen Zeitungen erscheinen. Marcel Reich-Ranicki lobt in seiner Besprechung in der ZEIT (10.09.1965), dass es „ein bewegendes und am Ende fast schon ein ergreifendes Buch“ sei.

In dem Roman verlässt die 33-jährige Ich-Erzählerin ihr Elternhaus in der Hoffnung auf eine gemeinsame Zukunft mit ihrem Geliebten Strass, einem etwa vierzigjährigen Betriebsberater und „Statistiker aus Leidenschaft“. Doch Strass ist ständig unterwegs, außerdem noch gebunden durch Frau und Sohn. Andererseits ist die junge Frau offenbar durch unzerreißbare Bande an ihre Familie gefesselt. Zwischen den Liebenden kommt ein die gemeinsame Zukunft betreffendes Gespräch nicht zustande. Beide sind auf ihre Weise gefangen durch sich selbst. Letztlich kehrt die Frau ins Elternhaus zurück. Die einzige Person, mit der sie kommunizieren kann, ist ihre Schwester Ruthie, die vor zwanzig Jahren tödlich verunglückt ist und an deren Tod sich die Ich-Erzählerin schuldig fühlt. Das legt die traurige Vermutung nahe, dass ein Gespräch unter Lebenden nicht möglich ist.

Auch in diesem Roman werden die für Gabriele Wohmann inzwischen fast zu einem Markenzeichen gewordenen Themen Einsamkeit in der Zweisamkeit, nicht gelingende Kommunikation durchgespielt, und es gilt, was Manfred Durzak für Gabriele Wohmanns Kurzgeschichten als kennzeichnend sieht: „Gewiss ist hervorzuheben, mit welcher scharfen Eindringlichkeit es Gabriele Wohmann gelingt, institutionalisierte Kommunikationsformen des bürgerlichen

Zusammenlebens als Rituale der Unterdrückung des Einzelnen bloßzustellen und damit unter der honorigen Oberfläche bürgerlicher Horrorerfahrungen der Ich-Kasernierung und Ich-Zerstörung aufzudecken, die vom Ritual her ironischerweise gerade der Ermöglichung von Kommunikation (mit dem Wunschziel der Ehe) dienen sollen."

Insgesamt kann man die Kritik in der FAZ vom 16.10.1965 wohl als maßgeblich betrachten: „Gabriele Wohmanns sprachliche und stilistische Kraft erweist sich in der scheinbaren Mühelosigkeit, mit der sie den Vordergrund transparent zu machen versteht. (…) (Sie) setzt ihre Geschichte sehr knapp und pointiert in Szene, sie beschreibt prägnant, zeichnet mit wenigen Strichen Charaktere und Atmosphäre, spart sich aufwendige Wiedergaben, beleuchtet charakteristische Details. Kompositorisches Geschick und stilistische Kraft sind gleich hoch einzuschätzen. Bemerkenswert die ruhige Sicherheit der Sprache, die Natürlichkeit des Tonfalls, endlich die Souveränität, mit der die Assoziationssprünge der Erzählerin gebunden werden – es ist nichts anderes als ein, von der nachwissenden Position der Erzählerin gesehen, konsequenter und subtiler Realismus."

Gabriele Wohmann ist Mitte der Sechzigerjahre eine vielerorts präsente Autorin. Einladungen zu öffentlichen Lesungen häufen sich und ebenso Einladungen zu Auslandsreisen. Bereits 1959 hatte sie das erste Reisestipendium zu einem einmonatigen Aufenthalt in London vom Auswärtigen Amt der Bundesrepublik Deutschland erhalten. London war 1962 ein zweites Mal Ziel einer Reise. 1966 wird eine Gruppe deutscher Autoren vom Sowjetischen Schriftstellerverband in die Sowjetunion eingeladen: Hans Bender, Ernst Kreuder, Dolf Sternberger und Gabriele Wohmann. Ich werde auf diese Reise noch zu sprechen kommen. Ein Jahr später erhält sie das Villa Massimo-Stipendium zu einem zehnmonatigen Aufenthalt in Rom.

Durch ihre Veröffentlichungen und Lesereisen entstanden Briefkontakte und Begegnungen mit einem immer größer werdenden Leserstamm und nicht zuletzt viele Freundschaften. Viele von ihnen bis zum heutigen Tag andauernd. Immer aber blieb sie auf besondere Weise ihrer Familie verbunden, die von Anfang an lebhaften Anteil an ihrer Arbeit nahm und sich mitfreute über jeden ihrer Erfolge.

„Mein Vater hat mir mal eine ganz große Freude gemacht. Da waren wir in den Sommerferien auf Juist. Beim abendlichen Spaziergang schlug er eine Runde durchs Dorf vor. In der örtlichen Buchhandlung war ‚Sieg über die Dämmerung' ausgestellt. Der Vater war so erfreut und stolz auf diese Bucherscheinung, dass er den Buchhändler veranlasst hatte, das Buch zu bestellen, und wollte mich an seiner Freude teilnehmen lassen“, erzählt sie mir.

Familienmitglieder – Schwester, Brüder, Tanten – finden sich in vielfach abgewandelten Ausprägungen in vielen Erzählungen Gabriele Wohmanns wieder. „Im Scherz *verbot* mir mein jüngerer Bruder, dauernd über ihn zu schreiben, weil seine Mitschüler ihn neckten“, berichtet sie weiter. „Er war mein Vorbild für kleine sensible Einzelgänger.“

Ihrer Liebe und Sympathie „für kleine sensible Einzelgänger“ hat Gabriele Wohmann in zahlreichen

Erzählungen Ausdruck verliehen. Neben dem meist nicht gelingenden Zusammenleben von (Ehe-)Paaren, den lautlosen, aber wirkmächtigen Repressionen innerhalb der Institution Ehe und Familie, dem Ausbrechen aus erwartetem Rollenverhalten ist dies eins ihrer bevorzugten Sujets, das sich bis in ihre neuesten Erzählungen fortsetzt. Immer werden jugendliche Abweichler oder Kinder geschildert, die auf Grund von körperlichen Gebrechen oder einfach einer Andersartigkeit in Aussehen und Verhalten von ihrer Umwelt (Familie, Schule, Freunde) gedemütigt, missachtet oder gar misshandelt und ausgegrenzt werden, zum Beispiel in Heime abgeschoben.

Immer wieder geht es ihr dabei ums Decouvrieren von Lieblosigkeit, Machtausübung und daher das Kind deformierende Strukturen innerhalb bürgerlicher Verhaltensnormen. Dass ihre Parteinahme den Leidtragenden gilt, ist nahezu selbstverständlich. Darüber hinaus will sie aber auch im Leser Erkenntnis und Parteinahme mobilisieren. Ihre Stilmittel hierfür sind Überzeichnung der Charaktere, ironisches Unterlaufen des Gesagten – das Gegenteil ist gemeint – und eine Anhäufung von Reizwörtern, die im Leser sofort eine Ablehnung hervorrufen. Beispiele von Erzählungen dieser Grundkonstellation sind: „Das dicke Wilhelmchen" (1957), „Grün ist schöner" (1958), „Ich Sperber" (1959), „Wachsfiguren" (1959), „Habgier" (1964), „Sonntags bei den Kreisands" (1965), „Die Bütows" (1966), „Der Knurrhahnstil" (1966), „Konrad und was übrig bleibt" (1967).

Gemeinsam ist diesen Kurzgeschichten die jeweils destruktive Familienkonstellation, die auf einem autoritären Erziehungsstil beruht. Dem Kind als schwächsten Glied der Gemeinschaft werden durch angebliche und von den erwachsenen Protagonisten sogar selbst geglaubte und verinnerlichte repressive Denkschemata und unterwürfige Verhaltensweisen zwangsverordnet. Die Rede ist von „Ertüchtigung durch Sport", „Erfolg im Leben", „Vorbereitung fürs Leben", „Erziehung durch Härte". Die kurze Aufzählung einiger stereotyper Floskeln aus der „schwarzen" Pädagogik lassen erkennen, worum es Gabriele Wohmann geht: Sie klagt an, indem sie den Leser zur Empörung über die geschilderte Unmenschlichkeit von Personen anstachelt, denen Weichheit, Verletzlichkeit, Andersartigkeit ein Gräuel bedeuten.

„In der Diagnose des hoffnungslosen Elends der Bürgerlichkeit Bütowscher Couleur, dieser Schwundstufe von Zwischenmenschlichkeit in Härteprinzip und Kadavergehorsam, liegt die aufklärerische Leistung des Texts", lesen wir bei Knapp über die Erzählung „Die Bütows".

Interessanterweise fügt sich ein Essay von Theodor W. Adorno über „Erziehung nach Auschwitz", zur selben Zeit veröffentlicht, ganz in die Sicht Wohmannscher Beschreibungen. „Das gepriesene Hart-Sein, zu dem da erzogen werden soll, bedeutet Gleichgültigkeit gegen den Schmerz schlechthin. (...) Wenn irgendetwas helfen kann gegen Kälte als Bedingung des Unheils, dann die Einsicht in ihre eigenen Bedingungen und der Versuch, vorwegnehmend im individuellen Bereich diesen ihren Bedingungen entgegenzuarbeiten. Man möchte meinen, je weniger in der Kindheit versagt wird, je besser Kinder behandelt werden, umso mehr Chance sei."

Gabriele Wohmann ist mit ihren Prosatexten der Sechzigerjahre ganz auf der Höhe der Zeit, das heißt der „Kritischen Theorie“, mit der sie während ihres Studiums in Frankfurt in Berührung kam. Diese befasste sich, wie Gabriele Wohmann es in ihren Erzählungen exemplarisch gestaltet, mit der autoritären Persönlichkeit und den Gefahren der autoritären Erziehung. „Ihre Hassliebe für die zur Chimäre verkommene Bourgeoisie und die Sehnsucht nach einer ehedem fest gefügten Weltordnung, zugleich aber die Unfähigkeit, ein neues, alternatives Subjekt zu erkennen, teilt die Autorin mit den führenden Köpfen der Kritischen Theorie“, heißt es bei Knapp. Und Gabriele Wohmann äußert sich in einem Gespräch mit Hella Schlumberger (1972) über die Intention ihrer speziellen Bearbeitung der genannten Probleme: „Ich zeige die Personen in der Hoffnung, dass dann anschließend reflektiert wird. (...) Ihr Leid sieht dann zwar komisch individuell und veraltet aus (...) Da kommen wir wieder auf diese gesellschaftliche Relevanz, beziehungsweise Irrelevanz, die das Private angeblich haben soll. Für meine Begriffe kann's das nie haben, das Private gar nicht veralten.“

Ähnlich erklärt Gabriele Wohmann 1971 in dem Autorengespräch mit Ekkehart Rudolph: „Mir ist dies etwas verrufene Private relevant genug, meinetwegen auch *gesellschaftlich relevant* genug, denn es liefert die Startbahn für alles Überprivate.“

Dass Gabriele Wohmann sich bemüßigt fühlt, ihre Schreibweise zu verteidigen, hat natürlich seinen Grund. Mitte der Sechzigerjahre setzte in der Literatur eine starke Politisierung ein. Es wurden „Rezepte“ für eine Gesellschaftsveränderung, Lösungsmodelle oder -vorschläge gesellschaftlicher Relevanz von den Autoren erwartet, wenn nicht gar verlangt. Einer solchen Erwartungshaltung hat sich Gabriele Wohmann stets widersetzt. Kritik an der „Wirtschaftswunderzeit“ war allenthalben in ihren Werken zu finden. Aber wohlfeile Rezepte wollte sie nicht mitliefern. Da war der Leser in der Pflicht.

„Es scheint mir am reellsten, wahrscheinlich auch am wirksamsten, das Beobachtete – so genau wie möglich – als Befund zu liefern. Resultate haben etwas Verlogenes. Außerdem hat der Rezipierende ein Anrecht auf seinen eigenen Denkspielraum. Ich will nichts mit der Scheinallüre des Allwissenden verkleistern“, erklärt sie im Gespräch mit Rudolph. „Das Weiterdenken und nicht nur das Mitdenken will ich dem Leser doch übriglassen.“

Die Brüchigkeit gesellschaftlicher Strukturen an Hand ihrer Texte zu erkennen, ist also Aufgabe des Lesers. Sie als Autorin hat die Diagnose geliefert, ohne die eine Therapie nicht möglich ist.

Dennoch gibt es aus dieser Zeit eine explizit gesellschaftskritische Arbeit. Es handelt sich um das Hörspiel „Der Fall Rufus“, der vom Westdeutschen Rundfunk 1969 ausgestrahlt wurde. Auch in diesem Stück geht es um einen sensiblen Einzelgänger, der sich unter dem Druck und den Schikanen von Mitschülern und Lehrern erhängt hat. Er hatte in einem Leserbrief die faschistische Vergangenheit einiger Lehrer enthüllt und sich geweigert, am Ertüchtigungsprogramm im Sportunterricht teilzunehmen. Verhandelt wird bei einem Elternabend an einem „altehrwürdigen“ Gymnasium, ob man diesem Schüler nachträglich das Reifezeugnis zuerkennen soll. Indem Gabriele Wohmann ihren Protagonisten Versatzstücke aus dem Vokabular des Nationalsozialismus, gepaart mit Lippenbekenntnissen für Humanismus in den Mund legt, weist sie auf die Gefahren der verschleiert unterwandernden Mentalität nazistischen Gedankenguts hin. Bedenkt man, dass Ende der Sechzigerjahre, als das Stück gesendet wurde, Rechtsextreme es sogar in einige Landesparlamente geschafft hatten und in der Ablehnung von Außenseitern – „friseurscheue Radikalinskis“ – unschwer faschistoides Gedankengut zu erkennen ist, wird die außerordentliche Aktualität des Hörspiels begreiflich und erklärt seine große Akzeptanz beim Publikum und der Kritik.

Gabriele Wohmann hatte im Programmheft des Westdeutschen Rundfunks Erklärungen zu dem Hörspiel gegeben: „Ich spreche im ‚Fall Rufus‘ von einem ganz bestimmten Gymnasium. Ich kenne es. Ich erinnere mich an es. Ich denke an die Nazi-Zeit. Ich denke ans ‚Erziehen‘, heute und damals, an diesen anmaßenden, überwiegend missverstandenen Vorgang, dessen sich der Erwachsene dem Nichterwachsenen gegenüber aus Tradition, bisweilen mit gutem Willen und bester Absicht, aber vielfach schädigend schematisch bedient. (...) Man verzeiht die braungefärbte Nazi-Phase, beziehungsweise durch Verschweigen scheint sie gar nicht mehr zu existieren. (...) Aber mein Stück spielt nicht in der Vergangenheit, sondern in ihrer gegenwärtigen Fortsetzung. Zwar tarnt sich die Gesinnung, wandelt sich ab, zugleich mit – einigem – Vokabular. Aber wie steht’s mit dem Hymnus auf das Lieblingswort Leistung, mit dem Ertüchtigen, dem Sport, mit der Verachtung jeder Version von Versagen, der hilflosen, aber gewalttätigen Wut auf Einzelgängerisches? Was nicht verstanden werden kann, wird beschimpft, ausgezählt, entfernt."

Gabriele Wohmann hat mit diesem Stück literarisch das geleistet, was die 68er in politischer Agitation und Demonstrationen einforderten: die Auseinandersetzung mit der nationalsozialistischen Vergangenheit.

Noch vor dem Hörspiel „Der Fall Rufus", bei dem Gabriele Wohmann im Collagestil experimentelle Entwicklungen des „Neuen Hörspiels" vorwegnahm, war 1968 ein weiterer Band mit Erzählungen „Ländliches Fest und andere Erzählungen" im Luchterhand Verlag erschienen. In der titelgebenden Erzählung verwendet Gabriele Wohmann die auch von James Joyce und Virginia Woolf angewandte Technik des *stream of consciousness* (Bewusstseinsstrom), eine frei flottierende vielstimmige Prosa. In atemlos aneinander gereihten Sätzen, bei denen Erzähltes und direkte Rede nahtlos ineinander fließen, führt die Autorin die Hohlheit und Unsensibilität im Geplauder über das Schicksal eines toten Kindes auf einer Gartenparty vor. „*Hast du das Foto vom toten Kind gesehen? Greif zu, diese Dinger habe ich selbst gekocht.* Niemand vermisst es *hat unter dem Foto gestanden. Das tote Gesicht erinnert mich an eine verkarstete Fläche. Seit wann kochst du überhaupt?*"

Wieder einmal wird deutlich, woran Gabriele Wohmann mit ihren Texten gelegen ist: den Leser zu mobilisieren für eine Parteinahme mit dem Opfer und gegen Gefühllosigkeit und Gleichgültigkeit.

Karl Krolow bescheinigte den Erzählungen in „Ländliches Fest" eine „sehnsüchtige, nach Veränderung, nach Besserung süchtige Prosa vom Alltagsmenschen, Prosa vom idealen Einzelnen, von anderer Gesellschaft, ausgestattet mit dem bösen Blick für Attrappen, Unzulänglichkeiten, Unfähigkeiten", und zog als Resümee ihrer zehnjährigen Veröffentlichungsgeschichte: „Gabriele Wohmann (ist) heute in ihrer Art zu schreiben in ihrer Generation unerreicht."

In einer Rede vor der Akademie der Künste in Berlin, deren ordentliches Mitglied sie 1975 wurde, hat Gabriele Wohmann über ihre frühe Beeinflussung durch James Joyce gesprochen:

„Keine andere Prosa hat so unmittelbar stimulierend auf mich gewirkt. Andere Prosa habe ich viel weniger verwandtschaftlich, mehr aus der Ferne, mehr respektierend hoch geschätzt. Durch James Joyce aber kam ein spezieller Geschmack des angelsächsisch Bitter-Komischen, des lusterweckend Tragischgrotesken und Untröstbar-Spaßmacherischen hinzu, und ich gehörte sicherlich schon damals, vor mehr als 20 Jahren, nicht zu denen, die sich heute immer noch über die als DETAILSÜCHTIGKEIT verdächtigte Genauigkeit beim Beobachten und Beschreiben des allerwinzigsten Alltäglichen ärgerlich wundern. Im Gegenteil! Vielmehr entsprach so differenziertes action-abgewandtes NICHT-Fabulieren, das allem brav der üblichen, von roten Fäden ordentlich durchzogenen Romanform sich verweigernde Protokollieren meinem eigenen Blick auf die Welt und der dazu gehörenden Neugier auf das, was sie erzählenswert macht. Ich nehme an, mich erfrischte bei Joyce nicht nur nebenbei, sondern ganz wesentlich, dass er mir wie ein Widerstandsschreiber vorkam. Die Rebellion gegen konventionelle Pflichtschuldigkeit, ausgeübt in einem Prosawerk, die musste bei mir einschlagen."

Für ihre im selben Stil geschriebene Erzählung „Aus dem weißblauen Tagebuch" (1968) erhielt die Autorin 1969 den Kurzgeschichten-Preis der Stadt Neheim-Hüsten. Ein Jahr später, 1970, sollte ihr *opus magnum,* der Roman „Ernste Absicht" erscheinen, der auf knapp fünfhundert Seiten die Stilelemente innerer Monolog, stream of consciousness, Protokoll, Reflexion in hoch komplexer Form miteinander verbindet. Über diesen Roman wird im nächsten Kapitel ausführlich die Rede sein.

Gabriele Wohmanns Werk umfasst in diesen ersten zehn Jahren bereits knapp zwanzig Veröffentlichungen: Erzählungsbände, Romane, Funkerzählungen und Hörspiele sowie Fernsehfilme, nicht zu vergessen eine Vielzahl von Buchbesprechungen in Zeitungen, Zeitschriften und im Radio. Und die Beantwortung von Leserpost. Darüber hinaus gehörten ausgedehnte Lesereisen zu ihrem Schriftstelleralltag, oft ins Rheinland – Hans Bender weiß mir gegenüber von Lesungen mit eintausend Zuhörern zu berichten – aber auch ins Ausland, in die USA vor allem, wo Universitäten in New York und Los Angeles, Princeton (im Rahmen der Tagung der Gruppe 47) sie zu Lesungen einluden. Der Erfolg dieser Lesungen im universitären Bereich hatte zur Folge, dass sich amerikanische Germanistikprofessoren intensiv mit dem Werk Gabriele Wohmanns auseinanderzusetzen begannen. 1970 waren es bereits acht Einladungen, meist vom Goethe-Institut organisiert, die Gabriele

Wohmann nach Boston, Austin/Texas, Houston/Texas, New York, Amherst/Massachusetts und Raleigh/North Carolina, die Madison in Wisconsin, die Yale University in Connecticut – nach Harvard die berühmteste amerikanische Universität – führten.

Auf ihrer ersten USA-Reise 1966, zur Tagung der Gruppe 47, bei der sie schon viele Freundschaften schloss, die sie auf späteren USA-Reisen intensivieren und erweitern konnte und die per Briefkontakt bis heute weiter bestehen, konnte Gabriele Wohmann auch engen Kontakt zu ihrem geliebten Medium Film aufnehmen. Ein Onkel, ein Bruder ihres Vaters, der bereits vor dem Krieg in die USA ausgewandert war, lebte in Burbank, unmittelbar benachbart der Filmmetropole Los Angeles und Sitz der Walt Disney Company und der Warner Brothers. Er arbeitete als Architekt bei den Filmstudios und zeigte ihr alles. „Das war sehr sehr schön", erinnert sie sich. Besonders erinnernswert ist ihr, dass später die Witwe ihres Onkels als alte Dame extra zu einer ihrer Lesungen an der UCLA (University of California) angereist sei.

Auch ihre Reise nach Russland im Jahr 1966 hat Gabriele noch in lebhafter Erinnerung. Es war etwas Besonderes, dass sie als junge Schriftstellerin zu der zweiten Gruppe der vom russischen Schriftstellerverband eingeladenen Autoren gehörte. In der ersten Gruppe waren Heinrich Böll und Rudolf Hagelstange zu Gast in der Sowjetunion gewesen. Dann hatte eine russische Delegation die Bundesrepublik Deutschland besucht. Für den zweiten Besuch in Russland wurden von der Deutschen Akademie für Sprache und Dichtung in Darmstadt Hans Bender, Ernst Kreuder, Dolf Sternberger und Gabriele Wohmann ausgewählt. Gabriele Wohmann war nicht nur die erste Frau, sondern auch die jüngste unter den Schriftstellern, denen die Ehre einer russischen Einladung zuteil wurde.

Gabriele hat die gesamte Reise in sehr guter Erinnerung, besonders die russische Gastfreundschaft. Sie besuchten Moskau, St. Petersburg (damals noch Leningrad) und Kiew. Auch der Datscha, auf der der Dichter Leo Tolstoi gelebt hatte, statteten sie einen Besuch ab.

So frei und unbekümmert, wie die junge Gabriele Wohmann den Aufenthalt erlebt hat, war er in Wirklichkeit wohl nicht. Hans Bender ergänzt die gemeinsamen Erinnerungen um einige heikle Punkte: Von einem „Ausflug" im Alleingang, den Gabriele in Moskau unternahm, wurde sie ins Hotel zurückgebracht. Und dann tauchte im Hotel, in dem die Schriftsteller höchst komfortabel untergebracht waren, plötzlich der russische Schriftsteller Lew Kopelew auf. In einem vertraulichen Gespräch mit Hans Bender warnte er ihn: „Sagen Sie Ihren Kollegen, sie sollen acht geben, was sie in ihrem Zimmer sagen. Sie werden abgehört." Selbst Bender, der ja eigentlich genug Russlanderfahrung in den Kriegsgefangenenlagern gemacht hatte, reagierte mit ungläubigem Staunen. Kopelew aber insistierte: „Ich beschwöre Sie, Sie werden abgehört!" Hans Bender informierte natürlich seine Kollegen.

Ein weiteres Beispiel dafür, dass die gezeigte Offenheit doch nur eine scheinbare war, erlebte die deutsche Autorengruppe bei ihrem Wunsch, Boris Pasternak besuchen zu dürfen. Man gab sich den Anschein, als werde ihr Wunsch geprüft. Die Antwort lautete dann aber: Herr Pasternak ist verreist. Überprüfen konnten sie diese Aussage nicht.

Auch Benders Wunsch, sich durch einen Besuch davon zu überzeugen, dass das russische Gefangenenlager, in dem er einige Jahre verbracht hatte, nicht mehr existiere, wurde nicht entsprochen. Auf der Autoreise zum Haus von Tolstoi konnte er allerdings in der Ferne ein Lager, wie er es kannte, sehen. „Die gab es damals also noch."

In Gabrieles Reisebericht, den sie für den Westdeutschen Rundfunk verfasste, tauchen eigentlich nur positive Erinnerungen auf. Möglicherweise war der Altersunterschied zu ihren mitreisenden Kollegen eine Ursache dafür, dass sie Eindrücke unvoreingenommener wahrnehmen konnte: Die Gastgeberkollegen seien ihnen „sympathisch auch in Uneinigkeit" bei verschiedenen Themen gewesen, und die anfängliche Förmlichkeit sei schnell einem ungezwungenen Umgang mit üppigen Mahlzeiten und reichlichem Alkoholgenuss gewichen. Sie seien beisammen gewesen mit dem Erzähler Juri Trifonow, dem Lyriker Lew Ginsburg, Lew Kopelew, dem Brechtforscher Fradkin, Michail Kijatkin als Vertreter des Schriftstellerverbandes und der netten Dolmetscherin Sofija, die sie während der gesamten Reise begleitet habe.

Benders Orakel, am Ende der Reise würden sie sich alle hassen, bewahrheitete sich nicht. Im Gegenteil: Die gut vierzehn Tage Russland waren für die vier deutschen Autoren eine wichtige Erfahrung, für jeden von ihnen sicher auf andere Weise. Gabriele wird es vielleicht besonders beeindruckt haben, der Heimat des von ihr neben Goethe meistbewunderten Dichters Anton Tschechow begegnet zu sein und der russischen Melancholie, einer seelischen Gestimmtheit, die ihr entspricht.

Nur ein Jahr später erhält Gabriele Wohmann das Stipendium zu einem zehnmonatigen Aufenthalt in der Villa Massimo in Rom. Über diesen Aufenthalt hat sie mehrere Beiträge für den Hörfunk verfasst und Eindrücke ihres Romaufenthaltes auch in ihrem Roman „Ernste Absicht“ verarbeitet.

„Ich habe mich zuerst ein bisschen schwer eingewöhnt in Rom“, erzählt sie mir. „Nachher habe ich es wunderbar gefunden. Das war wohl eine Spätzündung.“

Wie stets und an jedem Ort hat Gabriele notiert, protokolliert und auch einfach an Geschichten weitergearbeitet. Das Stipendium, das die Akademie der Künste in Berlin für die Kunstsparten Literatur, Musik, Bildende Kunst und Architektur vergibt, gilt als eine der wichtigsten Auszeichnungen der Bundesrepublik Deutschland für herausragende Leistungen in den einzelnen Fachgebieten. Damals konnte man sich – anders als heute – nicht selbst um dieses Stipendium bewerben. Zur Zeit von Gabrieles Romaufenthalt leitete Elisabeth Wolken, die Frau des Lyrikers Karl Alfred Wolken, die Stiftung. Sie hatte durch eine Veränderung der starren Statuten ermöglicht, dass auch Familienangehörige der Stipendiaten mit in den Atelierhäusern wohnen konnten. Von dieser Möglichkeit machten die Wohmanns Gebrauch: Reiner Wohmann war ebenfalls Gast der Villa Massimo.

Zum selben Stipendiatsjahrgang 1967/68 wie Gabriele Wohmann gehörten Peter O. Chotjewitz, Hubert Fichte, und als Ehrengast Ernst Jünger. Chotjewitz hat in seinem Vorwort zu Gabriele Wohmanns Erzählband „Selbstverteidigung“ (1971) an diese gemeinsame Zeit in Rom erinnert:

„Dass ich ein Verehrer von Gabriele Wohmann bin, wird man mir nicht vorwerfen wollen. Wir haben 1967/68 zusammen zehn Monate in Rom verbracht, ohne dass ich darunter sehr gelitten habe. Sie hat eine feinere Lebensart, andere Gewohnheiten, mag stärkere Schnäpse und bessere Lokale, fährt ungerne ungewaschene Autos, haßt Kindergeschrei, Lärm und Unordnung, die sie nicht selber verursacht, mag nicht, wenn ich Kieselsteine gegen ihr Schlafzimmerfenster werfe, kurz: Wir sind uns niemals zu nahe getreten.“

Natürlich hat Gabriele Wohmann auch während ihres Villa Massimo-Stipendiums Erzählungen geschrieben, die in „Selbstverteidigung“ veröffentlicht sind. „Ich habe in der Zeit versucht weiterzuarbeiten“, erzählt sie, „ich habe immer geschrieben.“ Das ist ja auch ein Ziel des Stipendiums, den Künstlern und Künstlerinnen eine von Geldsorgen freie Zeit des Schaffens zu ermöglichen. Und so darf man die Aussagen von Chotjewitz zu ihrer Erzählsammlung auf das Schaffen Gabriele Wohmanns in diesem Zeitraum beziehen. Weshalb er dieses Vorwort schreibe, beantwortet er mit: „Weil sie einige der besten Geschichten geschrieben hat, die ich in letzter Zeit gelesen habe – Geschichten, die so alltäglich sind, wie irgendetwas und die man vielleicht deshalb nur mit einem leichten Grausen, mit einer sozialen Gänsehaut gewissermaßen, lesen kann.“

Als spezifische Qualitäten ihrer Arbeiten stellt er heraus, man finde sie dort, „wo sich in fast unscheinbaren, einfachen, ungekünstelten Erzählungen, die auf allen formalen Schnickschnack verzichten, ihre Beobachtungsgabe, Boshaftigkeit, Gehässigkeit, die ganze sprachliche Spitzfindigkeit ihrer knappen Sätze – mit einem Wort: das ‚Ununterhaltsame' dieser außerordentlichen Unterhaltungsschriftstellerin – entfalten kann."

Gabriele Wohmann war eine der bekanntesten und anerkanntesten deutschen Autorinnen geworden. Doch durch ihr Beharren auf der Mitteilungswürdigkeit des Privaten rief sie in der veränderten politischen Landschaft der 68er-Zeit zunehmend auch Kritiker an ihrem Werk auf den Plan. Mehr noch als in ihren Anfängen wurde für Gabriele Wohmann in den folgenden Jahren Leben und Schreiben zur „Ernsten Absicht".

Ernste Absicht (1970–1971)

Bei den Arbeitstreffen zu dieser Biografie hat sich mittlerweile ein Ritual herausgebildet. Von Gabriele und Reiner Wohmann werde ich herzlich empfangen. Wir nehmen sogleich am Tisch des großzügigen offenen Raumes Platz, der gleichzeitig als Wohn-, Ess- und Arbeitszimmer dient, und arbeiten gemeinsam das jeweils vorangegangene Kapitel durch. Danach – auch dies inzwischen ein Ritual – stärken wir uns für den zweiten Teil der Arbeit an der Biografie, die meistens bis in den späten Nachmittag hinein in Anspruch nimmt.

Das aktuelle Kapitel haben wir „Ernste Absicht" genannt, wie der Titel von Gabrieles drittem Roman lautet. Aber es soll nicht nur von dem Roman handeln, sondern von den biografischen Umständen. Uns ist bewusst, dass sie allerhand Zündstoff bergen.

Ob wir darüber reden sollen, frage ich behutsam. Gabriele denkt nach. Nickt. Sagt – halb ernst, halb belustigt: „Also, ich nehme an, du willst, dass ich dir von meinen ‚Verfehlungen' berichte." Und fügt mit einem Blick auf Reiner Wohmann hinzu: „Obwohl ich ja oft denke, dass vieles Biografische die Leute gar nichts angeht."

Ich weiß, dass es eine heikle Angelegenheit ist, Schriftsteller nach biografischen Details zu befragen. Gabriele hat sich selbst dazu geäußert:

„Ach ich kenne mich aus mit der Fragwürdigkeit, auch der Lächerlichkeit von Autoren-Konfessionen, von Selbstkommentaren, Selbstinterpretationen", schreibt sie in ihrem Aufsatz „Jemand, der schreibt". Und weiter heißt es dort: „Autoren, die sich hierauf einlassen, sind freundlich und gewissenhaft, sie könnten über sich selbst promovieren, sie könnten Seminare über sich abhalten. Autoren, die sich auf eine pathetische Hochnäsigkeit zurückziehen und auf ihr mindestens BOTSCHAFTEN ausschickendes WERK, könnten unter anderem ihre eigene Ratlosigkeit preisgeben, sicher auch ihre sentimentale Arroganz. Alles in allem: keine Verhaltensweise macht mich froh. Und was soll's, ein bißchen antworten kann man schon."

Und das tut sie jetzt bei mir. Es seien damals, erzählt sie, diverse Unvernünftigkeiten zusammengekommen: Gegen Schmerzen seien ihr Medikamente verordnet worden, von denen sie abhängig geworden sei. Und Alkohol habe sie immer gerne getrunken, als Anregung und auch, weil es zur Kultur gehöre. Genussfähigkeit sei ein Indikator für eine gesunde Psyche. Auch in ihrer Familie sei das Trinken von Wein und anderen Alkoholika gepflegt worden.

Im „Vaterporträt" schreibt sie beispielsweise: *„Mein Vater, der nicht raucht und nicht trinkt und doch für Raucher und Trinker erlesene Vorräte bereithält: Zigarren und Zigaretten in der Bibliothek; im schwarzen Schrank findet man die Spirituosen, im Keller steht der Weinschrank. Die Bestände reduzieren sich ohne die Mitwirkung meines Vaters. Habe ich denn noch genug, fragt er mich, denn er hat die Anfälligste für zuständig erklärt."*

„Es gibt“, sagt Gabriele, „viele Trinker unter Schriftstellern, Hemingway zum Beispiel und Jack London, Rimbaud und Mallarmé und viele, viele mehr. Da befindet man sich in guter Gesellschaft.“ Sie erzählt weiter, dass im Gegensatz zu ihrem Mann, der immer gewusst habe, wann er aufhören musste mit Trinken bei häuslichen oder geselligen Anlässen, sie da hineingeschlittert sei, dass sie, was immer häufiger vorkam, nicht mehr Schluss machen konnte.

Das konnte kein Dauerzustand sein.

„Zum Glück habe ich einen energischen Mann, der gesagt hat, so geht’s nicht weiter, jetzt unternehmen wir etwas – zusammen mit dem Arzt.“

Und so sei sie in eine Klinik nach Königstein im Taunus gekommen. Dort habe die Entziehung von Tabletten- und Alkoholsucht stattgefunden. „Alkohol bin ich völlig losgeworden. Tabletten eine Weile noch nicht. Dann aber auch. Seitdem bin ich völlig clean“, sagt sie.

Ihre Erfahrungen in der Klinik hat sie in den Fernsehfilm „Entziehung“ einfließen lassen, zu dem sie nicht nur das Drehbuch schrieb, sondern in dem sie auch die Rolle der Hauptfigur Laura spielte.

Schon Jahre zuvor hatte sich Gabriele Wohmann in ihrer Besprechung des Romans „Unter dem Vulkan“ von Malcolm Lowry, der Geschichte einer Selbstzerstörung durch Alkohol, die der englische Autor seinem eigenen Suchtinferno abgerungen hat, sensibel-wissend in die Psyche eines Trinkers eingefühlt: „Ohne Rausch lässt er sich auf die Welt nicht mehr ein, selbst der Rausch erleichtert sie ihm ja zu wenig. Unattraktive Überredungen zur Nüchternheit können ihm nicht einleuchten, während er unaufhörlich und halb freiwillig damit beschäftigt ist, sich selbst zu zerstören, um sich selbst zu befreien."

Diese Charakterisierung hätte auch auf Gabriele Wohmann selbst zutreffen können. Schon 1964 (Jahr der Rezension) hat sie gewusst: „Kein unwahres Wort in dieser Darstellung des Trinkens als einer komplizierten und unerträglichen Sache."

„Das war am Anfang alles ganz harmlos", sagt sie. „Sehnsucht nach Steigerung, Verbesserung der Wirklichkeit, Bewusstseinserweiterung – es gibt mehr Gründe fürs Unvernünftige als dagegen."

Ich taste mich noch ein wenig weiter vor und frage Gabriele, ob da nicht noch andere „Verfehlungen" waren, wie sie das nennt, und was sie, wie sie sagt, für ihren Mann oft zu einer Geduldsprobe werden ließ? Wie war das mit zudringlichen Verehrern auf Lesereisen, netten Ärzten, mehr als nur aufmerksamen Kollegen, kurz dem ganzen Inventar ihrer Erzählungen und Romane?

Stimmt es, dass sie „eine Meisterin der Indiskretion" ist, wie Heinz Schöffler in seinem Nachwort zum Reclambändchen „Treibjagd" schreibt, indem zum Beispiel im Roman „Ernste Absicht" sich „gewisse private Verhältnisse mehr entschlüsseln denn verbergen, jedoch gerade in der Entschlüsselung – auf geheimnisvolle, kaum entschlüsselbare Wohmann-Weis' – einen Zug ins Allgemeine, Allgemein-Verbindliche annehmen"? Gerade dies zeichnet ja Gabriele Wohmanns Schreibkunst aus, der Zug ins Allgemeine, und das obwohl sie sich selbst im Interview mit Ekkehart Rudolph (1971) so charakterisiert: „Ich bin kein Fabulierer, kein Personen- und Stoff-Erfinder, ich habe den Authentizitätstick, also werde ich beim Schreiben auch immer so ziemlich in meiner eigenen Nähe bleiben."

Nicht nur solche Aussagen von Gabriele Wohmann selbst haben Rezensenten oder Interviewer immer wieder dazu verführt, vom Inhalt eines Romans, einer Erzählung auf biografische Details der Autorin zu schließen beziehungsweise sie eins zu eins zu übertragen. Das war bei Gabriele Wohmann wahrscheinlich besonders naheliegend, weil ihre Protagonistinnen oft wie sie selbst Schriftstellerinnen sind oder einen verwandten Beruf ausüben, und manches Detail erkennbar aus dem Umfeld der Autorin entnommen ist.

Der Roman „Ernste Absicht", so hat Gabriele Wohmann sich einmal geäußert, sei in der Absicht entstanden, „schonungslos mit sich selbst fertig zu werden und die eigene Identität zu erreichen". In der Tat, das ist die „ernste Absicht" dieses Romans oder seiner Protagonistin: Wahrheit über sich selbst zu erlangen in unerbittlicher Erforschung ihrer selbst und ihrer Beziehungen.

„*Wenn jemand ist wie er ist ... Wenn jemand vom Wahrheitsgeschmack spricht ... Wenn jemand an der Mitwelt leidet. Wenn jemand es auch nicht besser machen kann ... Wenn jemand überhaupt leidet ... Wenn jemand den Herbst zu gern hat ... Wenn jemand vom Tod spricht. Wenn jemand überhaupt leidet ... Warum leidet jemand überhaupt? Wo ist jemand, wenn er fällt, der nicht gern wieder aufstünde? Wo ist jemand, wenn er irregeht, der nicht gern wieder zurechtkäme?*", sinniert die namenlose Protagonistin des Romans, die sich einer lebensgefährlichen Operation unterziehen muss. In bohrenden, schraubenförmigen

Satzkaskaden unterzieht die Ich-Erzählerin ihr bisheriges Leben einer gründlichen Revision.

Als grundlegendes Werk der Autorin wurde es von der Kritik erkannt und gewürdigt. Heinz F. Schafroth nannte es ihren „anspruchsvollsten“ Roman, Petra Kipphoff in der ZEIT ihr „ehrgeizigstes“ Buch. Rolf Michaelis in seiner Besprechung in der FAZ hob den Ton einer „neuen, durch existentielle Erfahrung beglaubigten Intensität der Wahrnehmung und (die) Kraft sprachlicher Verlebendigung“ hervor, der einen Markstein in ihrem bisherigen Werk setze: „Mit diesem Buch überschreitet die Erzählerin Gabriele Wohmann eine Schwelle.“ Hans Wagener, Germanistikprofessor an der Universität von Kalifornien, konstatiert in seiner Monografie über Gabriele Wohmann (1986) über „Ernste Absicht“: „Seinen literarischen Wert hat das Buch einmal durch die gedankliche Unerbittlichkeit, mit der hier gesehen und existentiell gedacht wird und mit der der Leser selbst gegen seinen Willen zur Selbstreflexion, zum Überdenken seiner eigenen Position im Leben, in seiner ‚Gruppe‘ gezwungen wird.“ Aber das Buch wurde auch als schwer lesbar, als ihr „abweisendstes“ Buch, als Roman „penetranter Selbstzerfleischung“ (Häntzschel u.a.) charakterisiert, wobei der „Gesamteindruck einer nahezu chaotischen Zettelbauweise“ (Knapp/Knapp) entstehe.

Um was geht es, wovon handelt der Roman „Ernste Absicht“? Eine junge Frau, Ende dreißig, Schriftstellerin von Beruf, geschieden von ihrem Mann, einem frühpensionierten Theologen der Diakonie „Bethseda“, liegt im Krankenhaus und memoriert ihr bisheriges Leben. Ausgebrochen ist sie aus dem sie beengenden Familienleben mit dem korrekten, aber auch pedantischen Ehemann, dem fünfzehnjährigen verhaltensgestörten Sohn Rock, der sich in seiner eigenen Welt abschottet, außerdem einer Schwiegermutter und Schwägerin und bleibt doch unlösbar mit ihnen verbunden, mit dem „geschiedenen, lebenslänglichen Ehemann" und allen ihren „lieben, misshandelten Anschauungsobjekte(n), mein Material, das sich geduldig deformieren lässt". Und da ist noch der Freund und Geliebte Rubin, eine schillernde, charakterlose Gestalt, die durch ihre chaotische Lebensführung als philosophierender Künstler und Schriftsteller die Ich-Erzählerin zugleich fasziniert und abstößt: *„Malen, Schreiben, Musik, Bildhauerei, aber wo führt er etwas durch, wo gibt es einen Abschluß. (...) Seit Jahren droht er den umwerfenden Roman an. In diesem Roman wird es kosmisch und universal zugehen, und allen Hominiden dieser Welt wird Hören und Sehen vergehen."*

Nun muss sie sich einer Operation unterziehen, deren Ausgang ungewiss ist. Angesichts dieser Tatsache empfindet sie ihr ganzes bisheriges Leben, ihre Beziehungen, ihr Schriftstellerdasein plötzlich als fragwürdig, fremd, wenn nicht sogar sinnlos. Auf der Suche nach sich selbst, nach dem Kern ihrer selbst, wird sich die Hauptfigur des Romans selbst fremd. All dies geschieht in protokollhaften Aneinanderreihungen, tagebuchartigen Reflexionen, inneren Monologen, soghaften Anhäufungen von Assoziationen:

„Über das richtige Verhalten mitten in der Nacht. Man wacht doch nicht auf mitten in der Nacht. Man spielt doch nicht Tag mitten in der Nacht ... Man schreibt doch nicht die ganzen Römerbriefe ab mitten

in der Nacht... Man denkt doch nicht an den Tod mitten in der Nacht. Man befasst sich doch nicht mit dem Taoismus mitten in der Nacht ... Man lässt doch das Tao bei Lao-tse. Unsichtbar / unhörbar / ungreifbar / unbestimmt / vollendet – mitten in der Nacht. Man jagt doch nicht damit man leben kann dem nach was recht ist ... Man hat doch. Man hat doch wie alle andern. Man hat doch keine Angst mitten in der Nacht."

Als „ernste Absicht" fungieren im Roman mehrere Möglichkeiten: Erkenne dich selbst, deine spezifische Wahrheit. Akzeptiere die Angst als Grundbedingung deines Daseins. Erkenne Verzweiflung als die Krankheit zum Tode (im Sinne Kierkegaards). Akzeptiere das Leben als deine Aufgabe. Weiche ihr nicht aus durch Todessehnsucht. Gib dich nicht dem Sog ins Dunkel hin. Verzichte auf den Selbstmord um des Lebens willen.

Ich frage Gabriele, ob sie sich wie die Protagonistin im Roman in einer solch tiefen Lebenskrise befunden habe, dass sie nicht mehr leben, vielleicht sogar ihrem Leben ein Ende setzen wollte?

Dass Gabriele Wohmann nicht grundsätzlich gegen Selbstmord eingestellt ist, hat sie verschiedentlich geäußert. Nun antwortet sie mir sehr ernsthaft: „Ich habe immer das Gefühl, dass man nicht selbstständig sein Leben beenden kann, solange es noch Menschen gibt, denen man damit den größten Kummer bereitet." Und sie erzählt mir von einer Freundin, deren Mann sich aufgehängt habe. „Das darf man natürlich nicht machen, weil man die andere Person damit lebenslänglich belastet. Du kannst dich nicht umbringen, solange jemand, der an dir hängt und an dem du auch hängst, noch lebt." Mit dem Zusatz „Das andere musst du dir alles selbst zusammenreimen", beendet Gabriele ihre *Konfessionen.*

Selbstmord auf Raten, Selbstmordversuch mit eingebauter Selbsterhaltungstendenz – das finden wir bei Gabriele Wohmann in vielen Texten, angefangen bei ihrem ersten Roman „Jetzt und nie". In gedanklicher Unerbittlichkeit umkreist sie in „Ernste Absicht" wie unter Zwang immer wieder das Thema: „*Aus Angst hast du dich nicht ausreichend vergiftet. Aus Angst hast du angefangen, dich zu vergiften. Über diese geringe Entfernung zwischen dir und dem Tode denkst du nach aus Angst. Diese geringe Entfernung zwischen dir und dem Tode legst du aus Angst nicht zurück. Es ist dieser eine Schritt. Die Angst verlängert den Schritt. Die Angst erinnert dich an den Schritt.*"

Dieses ihr Lebensthema behandelt Gabriele Wohmann zeitgleich zum Roman „Ernste Absicht" im Hörspiel „Kurerfolg" (1970), das mit zwei weiteren Hörspielen „Der Geburtstag" (1971) und „Tod in Basel" (1972) eine Trilogie bildet. Diese drei Hörspiele haben einen sehr experimentellen Charakter, wobei Gabriele Wohmann collagenhaft Zitate von Goethe bis Mao, Gebrauchsanweisungen aus dem Krankenhaus, Reflexionen, Satzfetzen und Sentenzen verwendet, alles überlagert von Musikeinblendungen, auch hierbei das Konträre betonend im Wechsel von Bachkantante und Beatmusik. Gabriele Wohmann bewegt sich im Kontext zeitgenössischer Darstellungsmittel des „Neuen Hörspiels" etwa von Günter Eich oder Helmut Heißenbüttel und Dramaturgieformen des „Absurden Theaters" eines Eugen Ionesco oder Samuel Beckett. Sie formulierte die Stoßrichtung ihrer Intention in einem Funkinterview mit Klaus Schöning (20.10.1970 im Westdeutschen Rundfunk): „In gewisser Weise halte ich überhaupt den Menschen, der nachdenkt, der es mit dem Denken aufnimmt, für krank, weil ich es mir nicht anders vorstellen kann, als dass das Leben, die Lebensgeschichte eine Art Krankengeschichte ist, die zum Tode führt."

Neben Angst und Tod ist es also besonders die Unterscheidung zwischen gesund und krank, die Gabriele Wohmann zum Widerspruch reizt, die sie als ein Grundübel ansieht. In der Einordnung von Auffälligkeiten oder Andersartigkeit als Krankheit sieht sie gesellschaftliche Zwangsmechanismen am Werk, die die „Kranken" reglementieren, ihres eigenen Willens berauben wollen. „Alle Gutmeinenden meinen es gut. Alle fangen immer sofort an, es gutzumeinen, wenn einer aufhört, in ihre Ordnung zu passen. Die Gutmeinenden umringen pünktlich und wortreich so einen Kranken, so ein Geburtstagskind, so einen, der sich aus der verödeten verordneten sozialen Kommunikation in seine schönere Psychose, in seine schwierigere Sucht, in sein komplizierteres besseres Wahnsystem zurückgezogen hat. Es wird gefährlich. Die Grenze zwischen Normal und - ja was denn? Abnormal? – kommt in Sicht. Den Gutmeinenden fällt nichts anderes ein als das Drängeln in Richtung Anpassung und Norm. (...) Zurück mit dir in die schöne gemeine Welt der sogenannten Normalen. Sonst lebst du ja gar nicht." (WDR-Programmheft 1971/1)

„Ernste Absicht" könnte eigentlich als Motto über dem gesamten Schreiben von Gabriele Wohmann stehen. Denn ernst nimmt sie alles, was sie feinnervig registriert in ihrer Umgebung, bei menschlichen Begegnungen, in gesellschaftlichen Zuständen und

Bedingtheiten. Der ironische Ton, die spielerische Eleganz, die spröde Brillanz ihrer Texte mögen diesen Aspekt manchmal verdecken, aber es gilt für sie von Anfang an bis heute diese Wahrheit: „Ich sterbe am Leben, immer weiter." Und nur so, auf dieser Basis ihrer Erkenntnis und Empfindung ist auch ihre nicht nachlassende Schreibarbeit zu verstehen. Nicht ein Aufbegehren, aber doch ein Anrennen gegen die Vergänglichkeit, gegen die vielen überaus misslichen Dinge des Lebens.

„Eins meiner vielen Lieblingszitate", sagt Gabriele in unserem Gespräch, „ist dieses von Kierkegaard über Gott: ‚Er empfing meine Wünsche und Begierden, tauschte sie um und gab mir statt ihrer himmlischen Trost und heilige Gaben.' – Ja", meint sie, „hier im Leben wird ja wirklich nicht allzu viel erfüllt ... aber was wir jetzt schon immer haben können, wäre: an die Zusage Gottes glauben."

Damals als sie den Roman „Ernste Absicht" schrieb, war sie noch nicht so weit. Da konnte sie aus den Zusagen der Bibel, wie sie mir erzählt, keinen Trost schöpfen. Und deshalb ist der Roman auch ohne Ausweg aus einer existenziellen Verzweiflung im Sinne der Kierkegaardschen „Krankheit zum Tode", die im Grunde im Roman durchgespielt wird.

Dieses ständige gedankliche Kreisen um den Tod wurde der Autorin von manchen Kritikern angekreidet beziehungsweise auch dahingehend fehlinterpretiert, das Bewusstsein kreise nur um sich selbst. Dass ein solches Instrumentarium legitimes Mittel und auch Zweck eines Schriftstellers ist, scheinen dabei manche zu übersehen oder schlicht nicht zu verstehen. Jeder Schriftsteller reagiert schreibend –

auf seine je eigene Art – auf irgendeine als existenziell erlebte Zumutung des Lebens, wie sie beispielsweise der Tod ist.

Für Gabriele Wohmann jedenfalls ist der schon weiter vorn zitierte Satz von André Malraux „Über den Tod zu sprechen, ist eine der vernünftigsten Arten, über den Sinn des Lebens zu sprechen" eine hinreichende Begründung. Oder der Satz von James Joyce, der auf der Pinnwand über ihrem Schreibtisch im Atelierhaus neben einer Fülle von Zetteln mit Gedanken, Notizen, Zitaten, Zeitungsausschnitten angeheftet war: „Man lebt und weiß den Tod. Alles andere ist Beschäftigungstherapie."

Über den Tod haben wir uns schon ausführlich bei unserem ersten Gespräch im Herbst 1998 unterhalten. Damals waren wir noch beim distanzierten „Sie". Auf die Frage im FAZ Fragebogen „Was ist für Sie das größte Unglück?" hatte Gabriele Wohmann 1980 geantwortet: „Der Tod. Und dass er das für mich ist."

„Ja, sehen Sie, genau das ist es ja", sagte sie damals, „dass ich wirklich jeden Tag – ohne Übertreibung – daran arbeite, dass er das nicht für mich ist! Es ist ja so: Der Tod macht Angst, vor allem das Sterben, die Ungewissheit, welche Krankheiten es sein werden. Aber ich glaube, das findet Gott auch ganz in Ordnung, dass wir davor Angst haben. Aber wir dürfen keine Angst haben vor dem, was nach dem Tod kommt. Im Gegenteil. Wir müssten uns freuen."

Bei Gabriele Wohmann ist da immer diese Paradoxie zwischen dem Glauben an das Zugesagte und der Angst vor dem Tod, die sie schmerzlich empfindet. „Und das ist meine tägliche Anstrengung", sagt sie jetzt, „dass ich, endlich endlich einmal diese Frage aus dem FAZ Fragebogen anders beantworten kann! Dass ich sie so nicht mehr geben müsste, dass der Tod für mich das größte Unglück ist!" Beinahe herausfordernd schaut sie mich an. „Gut, man könnte ja sagen, der Tod anderer. Aber der eigene Tod ... Ich finde es eigentlich blamabel, wenn man das sagt, der eigene Tod wäre das größte Unglück. Das würde ja heißen, das Leben hier müsse alle Wünsche und Hoffnungen einlösen. Und das tut es doch wirklich nicht, das wissen wir doch."

Und so war und ist es noch immer diese Tatsache, dass der Tod das Leben beendet, dass nichts dauert, die schon das Kind Gabriele – ganz sicher viel intensiver als andere Familienmitglieder – instinktiv begriffen und zur Schriftstellerin hat werden lassen. Denn nur aus einem Mangel heraus wird jemand Künstler. Wäre alles vollkommen, würde kein einziges Kunstwerk geschaffen. Und so ist es eigentlich absurd, wenn Kritiker meinen, einen Autor für seine Art zu schreiben, seinen Kosmos zu schaffen, tadeln zu müssen.

Gabriele Wohmann hat sich durch solche Kritiken nicht kränken lassen. Mit der ihr gegebenen Ironie hat sie darauf in einem fiktiven Nachruf reagiert: *„Wir haben diese Autorin, der Einfachheit halber, ganz gern nicht so genau verstanden, denn mit nennenswerter Vielseitigkeit der Thematik hat sie unsere ersten kritischen Urteile auch später nie weiter gestört. Zwar probierte sie auf dem literarischen Terrain so ziemlich alles aus, ließ Funk, Fernsehen und sogar die Lyrik nicht unverschont, doch jeweils war sie einzuordnen in die Kategorie der Alltagsbeobachtung, Detailstudie, böser Blick auf mittelkleine Ereignisse* *zwischen mittelkleinen Personen. Vielbeschäftigten Kritikern machte sie es insofern leicht. Von Produkt zu Produkt dieser Graphomanin konnte man sich im voraus wieder denken, woran man wieder wäre... Sie fand dennoch beinah sehr vieles sehr schön. Sie hätte das ruhig mal zugeben können.*"

Dass dieser Nachruf bei Lebzeiten im selben Jahr wie der Roman „Ernste Absicht" 1970 in einer Anthologie „Vorletzte Worte" erschien und, wie Gabriele mir erzählt, eigens dafür verfasst wurde, lässt trotzdem nicht über einen gewissen Zusammenhang mit der Gesamtsituation hinwegtäuschen, in der sie sich ihrer Wahrnehmung nach befindet: zwar anerkannt als eine der besten Erzählerinnen der Gegenwart und doch auch wieder verkannt.

Das zumindest könnte man schlussfolgern, und das haben auch viele getan. In unserem Gespräch sagt Gabriele dazu: „Der Nachruf ist ironisch gemeint, wurde aber immer missverstanden, dass ich das ernst meine. So was würde ich doch von mir nicht sagen. Das war eine Auftragsarbeit. Mir gefiel diese Idee von Krambach, Redakteur bei der Süddeutschen Zeitung, zu einer Anthologie: Wie stellt ihr euch euren Nachruf in der Zeitung vor? Das war vielleicht ein Fehler, es ironisch zu machen, weil von Ironie in Deutschland niemand was versteht. Das wird alles ernst genommen."

Mit der biografischen Situation hat also der Beitrag, der vielfach von Kritikern aufgegriffen wurde, unter anderem in einer Besprechung von „Ernste Absicht" von Petra Kipphoff in der ZEIT, nichts zu tun.

Dennoch: Der Titel von Gabriele Wohmanns nächstem Buch dürfte nicht zufällig sein: „Selbstverteidigung“ (1971) – eine Sammlung von Erzählungen und Gedichten. Der Band beginnt mit einem Gedicht, „Nachruf“ betitelt, und endet mit dem erwähnten Essay „Nachruf“. Sich selbst und ihr Schreiben, ihre Art zu schreiben, verteidigen zu müssen, legen der Buchtitel und Titel der gleichnamigen Erzählung nahe und wird bestätigt durch eine Widmung, die Gabriele mir im Jahr 2000 in das Buch schrieb: Selbstverteidigung = bleibt leider, seit 1971 Erscheinungsjahr des Bandes, Gabrieles Dauerzustand.

Aber zurück zu „Ernste Absicht“. Sie habe das Buch überhaupt nicht mehr im Kopf, erklärt Gabriele. Den Anfang wisse sie noch: Es sei eine Szene in Rom. Ich skizziere kurz den Inhalt des Romans. Dass die im Krankenhaus liegende Protagonistin geschieden sei, daran könne sie sich gar nicht erinnern. Aber wenn das so sei, wo läge dann das Problem?

„Dass die Person im Roman also eine andere Person liebt – das kommt ja auch in jedem zweiten Roman vor – könnte also genau so gut erfunden sein“, sagt sie und klingt fast heiter. Ja, im Krankenhaus sei sie natürlich gewesen, das könne man sonst nicht so detailgetreu beschreiben, aber es sei eine völlig harmlose Operation gewesen.

Reiner Wohmann, der die ganze Zeit schweigend zugehört hat, bestätigt das und stellt lächelnd etwas Ungefähres in den Raum: „Sie hatte einen wunderbaren Operateur“, sagt er. Nichts sonst.

Mit „Ernste Absicht“ hatte Gabriele Wohmann großen Erfolg. Er befand sich auf der SPIEGEL-Bestsellerliste und wurde von der Darmstädter Jury zum Buch des Monats gewählt. Außerdem erhielt die Autorin 1971 für dieses Buch den Literaturpreis der Freien Hansestadt Bremen. In ihrer Dankrede brachte Gabriele Wohmann ihre Freude über die Auszeichnung ohne jede falsche Bescheidenheit zum Ausdruck: „Ich rede über mein ziemlich normales, ziemlich ungestörtes Verhältnis zu Preisen … über Anerkennung überhaupt. Ich freue mich ohne schlechtes Gewissen; ich freue mich ebenso über gute Kritiken … Für seine Schreibdeutlichkeit ist man selber verantwortlich … korrumpieren kann ich mich nur selber, beispielsweise mit Blick aufs Publikum, auf einen bestimmten Geschmack, auf bestimmte Wünsche, isoliert von meinen eigenen."

Für Gabriele Wohmann ist es immer wieder bezeichnend, dass sie mit hohem Erkenntnisanspruch nicht nur ihre Mitmenschen, die dann zu Figuren in ihrem literarischen Kosmos werden, sondern ebenso scharf und unerbittlich sich selbst in Denken, Fühlen, Handeln analysiert. So auch in der Bremer Dankrede zu diesem Buch, das ein Buch über ihr „Grundthema, die Angst" sei: „Preisgekrönte Angst, honorierte Todesarten, Auszeichnung für die Darstellung der ungelösten, der unlösbaren Schwierigkeiten." Dankbar vermutet sie „hinter dem Beschluss, mir einen Preis zu geben, einen empfindlichen, einen hellhörigen Nachvollzug" zu ihrem Schreibprogramm, ihrem Sensibilisierungsprogramm, aufmerksam zu machen auf die „Verstörung zwischen Menschen, die Zerstörung zwischen Menschen, gemacht aus Sätzen und Handlungen und aus Versagen, auch aus Angst, auch und überwiegend in Ermangelung von Angst."

Gabriele Wohmann ist sich dessen bewusst, dass ein solches Schreibprogramm nicht unbedingt förderlich ist: weder für Kritikerlob noch für Verkäuflichkeit. Aber sie weiß auch, „diese Frage stellt sich keinem, der an sein Thema fixiert, verdammt und verkauft ist". Deshalb unternimmt sie auch keine Anbiederungsversuche bei Lesepublikum und Kritik, sondern bleibt bei sich selber und ihrer Schreibabsicht und verteidigt diese gegen Wünsche nach „Angepasstheit, Konzessionen, Abschwächung, Entfärbung". Sie bleibt bei ihrem Angst- und Verlorenheitssyndrom.

Eine Preiszuerkennung für ihre Aufgabe als Schriftstellerin, für ein bestimmtes Produkt ihrer Kunst sieht Gabriele Wohmann als Ermutigung zum Weitermachen an. Denn, so sagte sie in ihrer Dankrede: „Es ist dies Entweder/Oder, dies Weitermachen/Aufhören, die schwierige, die täglich hinuntergelebte Antinomie, in die wir alle gezwängt sind, lebende Todeskandidaten, minütliche, tägliche, alltägliche. – Es ist gut, wenn ein Todeskandidat sich manchmal freut. Ich freue mich. Ich danke Ihnen."

Der Roman „Ernste Absicht" wurde für Gabriele Wohmann noch in anderer Hinsicht Ausgangspunkt für einen großen Erfolg. In der Fernsehredaktion des ZDF nahm man das Thema des Romans zum Anlass, bei der Autorin, die bereits drei Fernsehskripte verfasst hatte, also schon ausreichend Erfahrung mit dem Medium Fernsehen vorzuweisen hatte, für ein Filmprojekt gleichen oder ähnlichen Inhalts anzufragen. Redakteur Heinrich Carle wandte sich an Gabriele Wohmann – begeistert von der Lektüre des Romans „Ernste Absicht": „Einen solchen Film müssten Sie uns schreiben." Es sollte nach Gabriele Wohmanns Auffassung aber nicht eine Verfilmung des Romanstoffs werden. Sie machte hingegen einen konkreten Vorschlag: Hintergrund der Geschichte sollte diesmal ein Sanatoriumsaufenthalt zur Entziehung sein. Und so sollte später auch der Titel des Fernsehfilms lauten: „Entziehung. Ein Tagebuch".

Realisiert wurde er unter der Regie von Ludwig Cremer und am 6. Juni 1973 erstmals ausgestrahlt. Dass nicht nur das Drehbuch von Gabriele Wohmann stammt, sondern dass die Autorin die Hauptrolle der Patientin Laura selbst spielte, sorgte für großes Medieninteresse und ließ das Fernsehstück zum „Theater-Ereignis" am Fernsehen avancieren. Außerdem wurde es zum „Theaterspiel der Gegenwart" deklariert. Dieser Ausflug in ein ganz anderes Metier, das der Schauspielerei, blieb für Gabriele Wohmann singulär. Nichtsdestoweniger hat sie dieser neuartigen Erfahrung viel abgewinnen können, auch wenn sie zwischendurch Zweifel beschlichen, dass das große öffentliche Interesse im Vorfeld und bei der Ausstrahlung des Films weniger dem Film selbst gelten könnte als vielmehr der Tatsache, dass sie die von Alkohol und Tabletten abhängige Laura spielte und somit „das Ganze ein schöner, erschütternder Exhibitionismus würde". Besonders in Interviews für Programmzeitschriften sah sich Gabriele Wohmann immer wieder dem Verdacht ausgesetzt, sich selbst in der Rolle der Laura darzustellen. „Laura, habe ich gesagt, das bin ich nicht. G.W. spielt sich selbst, hat daraufhin in der Soundso-Zeitung gestanden."

Dem Erfolg des Films hat das nicht geschadet. Im Gegenteil. Er wurde fast einhellig positiv beurteilt. So schrieb Walter Jens in der ZEIT: „Ich kann mich nicht entsinnen, dass auf dem Bildschirm jemals so adäquat (ehrlich, klug, präzise, mediengerecht) der Denk-, Reaktions- und Empfindungsprozeß eines Menschen dargestellt worden ist, eines Menschen auf der Flucht, dessen Selbstreflexion zugleich die gesellschaftlichen Zustände ins Blickfeld rückt." (15.06.1973)

Interessant an dieser Beurteilung ist, dass sie – ganz im Gegensatz zur gängigen Auffassung vieler Rezensenten Wohmannscher Werke – die gesellschaftliche Relevanz betont, die sich in der privaten Reflexion, im Schildern eines privaten Schicksals ausdrückt. Was ja die Autorin auf Erwartungen und Angriffe dieser Art nicht müde wurde zu betonen, dass ihr das „verrufene Private" als Startbahn diene für alles Überprivate, also Politische. So hat sie es speziell für das Thema Sucht, das der Fernsehfilm behandelt, festgestellt.

„Ich habe auch gemerkt, dass ich früher als andere Leute die Urteile ‚Sucht' und ‚süchtig' spreche. Sucht sage ich zum Bindungsersatz, Sucht zur Ersatzbindung und zur kompensierten Genussunfähigkeit. Sucht, wenn Gewöhnung als Abhängigkeit durchschaut ist, Sucht statt Ehebruch, Leidenschaft und sogenanntem Verhältnis, Sucht aber als ein eintöniger, nivellierender Zustand ohne Euphorien, ohne Rausch, ohne großartige Momente."

Und das ist für Gabriele Wohmann das Entscheidende bei dem, was sie schreibt, sei es Erzählung, Roman, Hörstück oder Fernsehfilm. „Was relevant ist, das hängt immer davon ab, ob man es gut genug selbst verwirklichen kann, optimal ausdrücken kann. Was einem selbst relevant scheint, ist oft nur eine Winzigkeit."

Laura, krank an der Familie, der Außenwelt, dem Geliebten und seiner Familie, krank aber vor allem an sich selber, kontaktscheu und masochistisch sich selbst quälend, wie ihr der Sanatoriumsarzt vorhält, aus einem Bedürfnis, sich zu strafen oder bestraft zu werden, ist im Grunde zum Leben unfähig. Sie befindet sich in einer Sackgasse, in die sie zusätzlich durch die Einnahme von Psychopharmaka geraten ist.

Aber sowohl in dem Fernsehfilm als auch im Roman „Ernste Absicht" wird neben der individuellen Krankheitsgeschichte diejenige zwischen Individuum und Gesellschaft abgebildet. Diese Dialektik erfährt in beiden Medien durch die Autorin keine Auflösung. Es bleibt offen, ob die namenlose Kranke im Roman oder Laura im Fernsehfilm wirklich von ihrer Krankheit geheilt werden können. Denn in beiden Stücken heißt es: „*Ich sterbe am Leben, immer weiter. Also erfülle ich, also löse ich ein, ich bestätige, ich bin die Summe einer Addition, ich bin die Rechnung, die aufgeht. Unverbindlich, unentschlossen. Sterbend enttäusche ich keine einzige Ansicht über mich.*"

Mir ist aufgefallen, dass Gabriele Wohmann in den Stücken, die von dem Krankheitsgeschehen handeln (Roman, Hörspiel, Fernsehfilm), immer wieder von einer „Notwohnung" spricht, in die der geschiedene Ehemann der Hauptfigur mit seinem Sohn und anderen Verwandten ziehen muss, nachdem er seine Stelle als Anstaltsgeistlicher des „Bethseda" vorzeitig aufgegeben hat, um sich ganz seinen wissenschaftlich theologischen Arbeiten widmen zu können. Die Autorin nennt diese ungewöhnliche Formulierung im Drehbuch LAURAS ZWANGSVORSTELLUNG: NOTWOHNUNG.

Die „Notwohnung“ kennen Wohmann-Leser bereits aus den Erzählungen „Vaterporträt“ und „Das Pfarrhaus“, beide 1967 verfasst. Es handelt sich um eine biografische Zäsur im Leben Gabriele Wohmanns und ihrer Familie: Ihr Vater trat 1966 mit siebzig Jahren in den Ruhestand und musste infolgedessen seine „Dienstwohnung“ seinem Nachfolger überlassen.

Ich frage Gabriele, warum diese sogenannte Notwohnung für sie eine so wichtige Bedeutung habe. Sie erzählt mir, dass sie – viel mehr als der Rest der Familie – darunter gelitten habe, dass der Vater mit der Mutter, dem jüngsten Sohn Martin und einer Schwester in eine für ihn eingerichtete, aber viel zu beengte Wohnung im Schwesternhaus ziehen musste, das er zuvor als Direktor geleitet hatte. Ein bisschen, so sagt Gabriele, sei er selbst schuld an dieser Situation gewesen, denn er hätte sich früher um einen neuen Wohnsitz kümmern müssen. „Das hat er nicht getan, sondern es irgendwie verdrängt und von seinem Nachfolger mehr Großzügigkeit erhofft.“

Die „Notwohnung“ war nur eine Übergangslösung, bis das neue Haus, das der Vater in Seeheim errichten ließ, fertiggestellt war. Aber Gabriele litt darunter, dass durch die Enge und Behelfsmäßigkeit der Notwohnung der Vater und sein schöner Besitz „denunziert“ wurden. Für Gabriele und Reiner bedeutete der Ruhestand des Vaters, dass auch sie aus dem Pfarrhaus ausziehen mussten. Bis auf zwei kurze Intervalle von jeweils einem Jahr hatte Gabriele ausschließlich zuhause gewohnt. Nun wurde ihr dieses Zuhause genommen. War das für sie nicht ein Erlebnis, als sei sie aus dem Nest gefallen, möchte ich von ihr wissen und erhalte die erstaunliche Antwort:

„Nein, eigentlich nicht. Ich habe das nicht gebraucht, die Eltern noch immer so nah. Ich habe mehr weggestrebt als der Reiner. Ich wollte mich immer absentieren vom allgemeinen Familienleben, bei aller Liebe. Aber mein Vater war ein Mensch, der sich gerne mit seinen Kindern umgeben wollte. Er war sehr erfreut, wenn wir mit ihm zusammen Tee getrunken haben am Nachmittag. Dem Reiner hat das auch gut gefallen. Aber ich hab oft gemauert und wollte das nicht. Bei aller Liebe zu meinen Eltern hab ich schon ziemlich früh wegstreben wollen."

Gabriele und Reiner Wohmann hatten in dieser speziellen Situation, in der es galt, ein neues – eigenes – Zuhause zu finden, großes Glück. Darmstadt baute gerade zu dieser Zeit eine neue „Künstlerkolonie" im Park Rosenhöhe, wie es die Stadt schon einmal Anfang des 20. Jahrhunderts mit der im Jugendstil erbauten Künstlerkolonie Mathildenhöhe getan hatte, die bis heute ein Publikumsmagnet ist und viel zur Berühmtheit der Stadt als Künstlerstadt beigetragen hat. Nun sollten sieben Atelierhäuser entstehen, die Künstlern aller Sparten (Literatur, Musik, bildende Kunst) Lebens- und Arbeitsraum zu günstigen Konditionen bieten sollten. Entscheidend für das Angebot durch die Stadt war die Qualität des jeweiligen Werks.

Im Darmstädter Hauptbahnhof prangte einst der Spruch „In Darmstadt leben die Künste". Dazu hatte Gabriele Wohmann, die mit Darmstadt ja aufs Engste verbunden ist, 1966 einen Text für den Deutschlandfunk verfasst, der ein Jahr darauf auch in Buchform – zusammen mit Illustrationen von Peter Kröger – erschienen ist. Nun bot die Stadt der noch jungen, aber schon international bekannten Autorin ein Künstlerhaus zur Miete an. Da überlegten Gabriele und Reiner nicht lange. Zum einen war es ja schon eine Auszeichnung, „erwählt“ zu sein. Zum anderen waren die Konditionen ausgesprochen verlockend: lebenslanges Wohnrecht zu einem sehr günstigen Preis, eine reizvolle Umgebung und die Nachbarschaft anderer Künstler.

1966 hatten Gabriele und Reiner Wohmann das frisch fertiggestellte Atelierhaus im Park Rosenhöhe bezogen. Das mag eine gewöhnungsbedürftige Veränderung gewesen sein, war doch das in Sichtbeton errichtete Atelierhaus mit einem nicht begrenzten Gartenbereich zu den Nachbarhäusern und offenen Wohnbereichen auch innerhalb des Hauses ein äußerster Kontrast zum geliebten Pfarrhaus mit seinen für Gabriele so wichtigen Rückzugsmöglichkeiten. Dennoch: Gabriele hat sich damals immer nur dankbar über ihr neues Domizil geäußert, ein „Glücksfall“, wie sie es bezeichnete.

Im Zusammenhang mit den Gesprächen über jene Jahre der „ernsten Absicht“ möchte ich die „Diagnose“ stellen, dass Gabriele Wohmann in dieser Zeit eine tiefe Lebenskrise durchlebt hat – einen Lebensabschnitt, für den erstmals der Begriff „midlife crisis“ auftauchte.

Dankenswerterweise hat mir Gabriele Wohmann gestattet, ihren literarischen Vorlass, den sie dem Literaturarchiv Marbach 2005 übergeben hat, einzusehen. Für den fraglichen Zeitraum waren für mich vor allem ihre tagebuchartigen Aufzeichnungen aufschlussreich. Während sie in unserem Gespräch

Mühe hatte, sich an die seelische Verfasstheit von damals genau zu erinnern und meine Bezeichnung „Lebenskrise“ als etwas zu hoch gegriffen erachtete, erschlossen sich mir beim anschließenden Studium ihrer Aufzeichnungen die Tiefe und die Dramatik der damaligen Lebenssituation.

Die ärztliche Diagnose „reaktive Erschöpfungszustände“ spiegelt die wirkliche Not nicht im Entferntesten wider, die Gabriele mit ihrem hochsensiblen psychischen Denk- und Fühlvermögen durchlitten haben muss. Sie fühlt sich sich selbst entfremdet als „Reduktion auf ein Abbild, auf eine Erwartung von außen, auf eine Anpassung“. Sie fragt sich, worin denn ihr ‚Kranksein‘ besteht und gibt sich selbst die Antwort „Mein So-Sein. Mein mich u. a. auch weg- und irgendwohin Entwickelthaben. Meine gewisse Entfernung, von der ich entfernt werden soll.“ Außerdem fühlt sie sich überfordert von Erwartungen ihrer Umwelt, ihrer Nächsten und den Anforderungen an sich selbst. „Ich bin zugleich zu jung und zu alt für meine diversen Aufgaben, für das, was ich innerhalb meines Lebens schaffen muss“, notiert sie in ihren Aufzeichnungen.

Wer hat ihr gesagt, was sie schaffen muss? Warum fühlt sie sich einem solchen Zwang zur Erfüllung ausgesetzt? Warum fühlt sie sich nicht mit sich identisch, sondern glaubt, Versteck oder Theater spielen oder in die Kinderrolle schlüpfen zu müssen? Ob diese Erwartungen an sie tatsächlich von außen kommen oder in ihr selbst begründet sind, macht letztlich keinen Unterschied.

Entscheidend ist ihr eigenes Gefühl. Es ist ihre Bedrängnis und auch die Quelle ihrer Kreativität. Für eine Künstlerin vom Format Gabriele Wohmanns ist es eine Gratwanderung par excellence, sich selbst nicht verloren zu gehen in dem Bemühen, „gesund“ zu sein.

Während ihres Kuraufenthaltes soll sie lernen, sich mit sich selber zu identifizieren. Was sie von einer solchen Therapie hält, klingt nicht sehr zuversichtlich: „Der Prozeß heißt: Verringerung seiner selbst, Entfernung von sich selbst, neben sich herlaufen, bis es verblaßt, das Ich, und am Ende nicht mehr gefunden wird. Verlorengehen. Medikamentöse Entfremdung von sich selbst.“ Und erwartungsfroh kann ein kreativer Mensch nicht sein auf das Resultat, welches ihm so erscheint: „Zu üben: träge Gesundheit, antriebslose, unproduktive Dankbarkeit. Reduktion. Wozu, wozu – während der Rasenmäher lärmt und somit ebenfalls das Leben bejaht. Rasenmähen: auch so lebensbejahend, stupide Rasenschönheitssehnsucht, daseinsklebrig. Wozu pflegt man Gras zum Rasen hin.“ Stattdessen die Einsicht Schopenhauers: „Was einer ist, in welcher Art und Weise er es auch sei, das ist er zuvörderst und hauptsächlich für sich selbst.“

Aber das Großartige bei Gabriele Wohmann ist, dass sie es versteht, alles, was sie erlebt und erleidet, in Kunst umzuwandeln, die dann nicht mehr für sie selbst, sondern für ihre Leser und Leserinnen, für die Hörer oder Zuschauer da ist, Bedeutung hat, sie zum Nachdenken und Anteilnehmen auffordert. Immer geht es um das Überindividuelle, somit gesellschaftlich Relevante in Gabriele Wohmanns Kunst. Die Werke aus diesem Zeitraum sind geprägt vom stark experimentellen Charakter der Texte. Das betrifft insbesondere den Roman „Ernste Absicht“, die Erzählungen „Gegenangriff“ und „Selbstverteidigung“, sowie die Hörspieltrilogie „Kurerfolg“, „Der Geburtstag“, „Tod in Basel“. Bewusstseinsströme, in den Hörstücken mit musikalischen Versatzstücken aus Beat und Klassik sind einerseits ein adäquates Mittel der damaligen Zeit, in der es um die Befreiung des Individuums von den Zwängen einer normativen Gesellschaft ging, andererseits die individuelle Antwort der Autorin Gabriele Wohmann auf das von ihr ganz persönlich erfahrene und reflektierte Leiden, auf die Zumutung erstickender Erwartungen. Durch deren literarische Verarbeitung weckt sie beim Leser und Zuhörer über ein bloßes Interesse hinaus Mitgefühl, auch Unverständnis für Zwangsmechanismen oder Unachtsamkeiten zwischen Menschen, die Leiden verursachen. Es ist und wird Gabriele Wohmanns großes Thema bleiben: das Recht auf Individualität, frei von Zwängen jeglicher „-ismen“, gleich welcher Ausrichtung und Couleur.

Die lebenslange Dialektik von Leben und Sterben, von Individuum und Gesellschaft, von Krank- und Gesundsein, von Nähe und Distanz kann sie nur schreibend aushalten, zumindest bejahend erleiden.

„Es ist nur ein Schritt zwischen mir und dem Tode. Ein Schritt, den jede Person tun kann. Hebe deine Schritte auf.“

So lautet die ernste Absicht der Gabriele Wohmann.

Das Pfarrhaus (rechts) und das Mutterhaus

Gabriele als Schülerin, um 1940

links: Gabriele (rechts) mit Schwester Doris, um 1937
rechts: Gabriele (rechts) und Doris 1951 auf Langeoog

Gabriele (links) mit Bruder Gerhard und Schwester Doris, um 1940

Von links: Luise, Martin und Paul Guyot, Gabriele und Reiner Wohmann, 1953

links: Gabrieles Vater, Pfarrer Paul Daniel Guyot 1953
rechts: Gabriele und Reiner 1954 auf Langeoog

Porträt 1965

Während der Russlandreise 1966 in Kiew mit Dolf Sternberger (links) und Hans Bender

Peter Handke, Walter Höllerer und Gabriele Wohmann auf der „Darmstädter Lesung", 1967

Im Park der Villa Massimo in Rom, 1968

Gabriele Wohmann signiert Bücher bei einer Lesung in Wolfsburg, 1969

Empfang beim Bundespräsidenten Gustav Heinemann zusammen mit Günter Grass (3. von links) und Heinrich Böll (rechts außen), 1970

Literatisches Colloquium (ZDF), 1969 (G. W. 2. von rechts)

1973 mit Heinz Bennent in dem TV-Film ,Entziehung'

Auf der Frankfurter Buchmesse 1978,
von links: Gabriele und Reiner Wohmann, Thomas Scheuffelen (Lektor), Hans Altenhein (Verleger)

Gabriele Wohmann nimmt von Walter Wallmann den Kulturpreis des Landes Hessen entgegen, 1988

Mit der Mutter auf der Terrasse des Atelierhauses

Gabriele und Reiner 1986

Gabriele und Reiner 1992

links: Flügel im Wohnzimmer mit Manuskriptmappen, Lesungsplakaten und „Theaterschwein“
rechts: Gabriele Wohmann am Schreibtisch, 1998

Puppenküche von Gabriele Wohmanns Großmutter

Gabriele Wohmann und Ilka Scheidgen bei ihrer gemeinsamen Lesung „Korrespondenzen" am 11.11.2003 in Frankfurt am Main

Schönes Gehege (1971–1976)

In der Tat: Gabriele Wohmann hat ihre „Schritte aufgehoben". Sie hat die subjektiv erlebte Krise durch Sprache überwunden. Zuerst in Form von „Selbstverteidigung", dem 1971 erschienenen Erzählband, sodann in dem Band „Gegenangriff" von 1972, der die sprachexperimentellen Texte aus dem Krisenjahr 1971 (neben einigen früheren Prosatexten) beinhaltet. Die Sprache selbst, die sie so meisterhaft beherrscht, wird Anlass zur Reflexion, wird auf den Prüfstand gestellt, wird Anstoß zur Selbsterforschung und Neuorientierung. Die Sprachboxkämpfe dieser Prosa sind einerseits Sprach-Spielereien (*„Wenn jemand mit der Sprache jemanden flach auf den Boden legt"*), andererseits durchleuchten sie die Verletzungen, die Menschen einander mit Wörtern antun, wie schon in Gabriele Wohmanns früheren Arbeiten, dort aber noch stärker ironisiert, sarkastisch überspitzt, mokant überheblich, auf gewisse Weise denunziatorisch. In den Erzählungen dieser Bände liefert Gabriele Wohmann die Analyse der durch Sprache möglichen Bösartigkeiten und Beleidigungen, manchmal auch nur Unachtsamkeiten zwischen Menschen. Darüber hinaus aber geht es bei diesen sprachanalytischen Überlegungen auch um ihr Selbstverständnis als Schriftstellerin. So heißt es in dem Stück „Sylvester": *„Unser Zitatenschatz, unser Verzweiflungsvolumen, unsere vielsprachige, gestenreiche, in der Farbskala* *unschlagbar universale innere Erlebnis-Anarchie, wohin denn verdammt noch mal, verdammt weggesackte, abgerutschte Ergiebigkeit innerhalb der westlichen Sprachen, dahin.“*

Das „Gehege“, in dem sie sich befindet, reicht ihr nach gewissen Ermüdungserscheinungen durch die immense Produktivität nicht mehr aus. Erstmals strebt sie eine Aussöhnung an mit dem zuvor stets als unlösbar empfundenen Konflikt zwischen Sein und Anspruch, Wahrheit und Schein.

So lässt sie im Roman „Schönes Gehege“ (1975) ihren Protagonisten, den Schriftsteller Robert Plath, die Überlegung anstellen: *„Ich habe wirklich vor, ständig an der Ermöglichung von irgendetwas Gutem, Richtigem, Schönem zu arbeiten, an diesen winzigen Anstiftungen zum Glück.“*

Mit dieser Schreibabsicht muss sich die Schriftstellerin Gabriele Wohmann im Jahre 1973 an die Arbeit zum Roman „Schönes Gehege“ begeben haben. Im Rückblick sah sie ihr bisheriges Schreiben in einem anderen Licht. Der „böse Blick“, der ihr von der Kritik als Markenzeichen angeheftet worden war, erschien ihr mit einem Mal tatsächlich zu einseitig, die Erzählhaltung in ihrem Roman „Ernste Absicht“ als zu resignativ und die Erzählperson zu passiv. Die Protagonistin hat das Leben noch nicht lebenswert genug gefunden. Sie wehrt sich nicht gegen die Fremdbestimmungen und Fremdfestlegungen, sondern leidet nur darunter.

In „Gegenangriff“ startet Gabriele Wohmann tatsächlich zum Gegenangriff, zunächst dort auf der sprachlichen Ebene, in „Schönes Gehege“ auch in der Tat: Robert Plath hat sich durchgekämpft zu der

Einsicht, nicht länger dem Bild, das in der Öffentlichkeit über ihn besteht, entsprechen zu müssen und das in einem Fernsehporträt über ihn festgeschrieben werden soll. Am Ende des Romans verweigert er seine Mitwirkung an dem Film. Dass diese Figur ihr wieder einmal sehr nahe steht, bestreitet Gabriele Wohmann nicht. Denn sie hat „die Erkenntnis und Erfahrung, dass ich eigentlich nur mir selber glauben kann beim Schreiben".

Über diesen Robert Plath – ein Alter ego der Gabriele Wohmann – hat sie im Autorengespräch mit Ekkehart Rudolph (1977) gesagt: „Sie wissen ja, wie leicht Schriftsteller festgelegt und zum Markenartikel gemacht werden. Dieser Robert Plath wurde gerade zum Markenartikel für Trübes, Negatives, Schwarzes, auch den ‚bösen Blick' hat man ihm unterstellt. Und er wehrt sich nun gegen das Negativbild von sich, weil es ihm zu einäugig erscheint. – Er will keinen bösen Blick mehr haben, sondern einen Blick des Erbarmens." Und was sie selbst und ihre Schreibmotivation betrifft, gesteht sie: „Ohne Mitgefühl und ohne eine Art Erbarmen kann man gar keine Zeile schreiben und kann gar keine Person richtig beschreiben."

Bereits 1970 hatte Gabriele Wohmann in ihrem fiktiven Nachruf geschrieben, dass sie eigentlich sehr vieles sehr schön fände. Das wollte sie nun auch in ihren Werken nicht mehr verheimlichen, indem sie *ein* oder sogar allgemeiner *das* „Schöne Gehege" zum Thema eines Romans machte.

Doch noch während der Arbeit an diesem Roman verspürte sie plötzlich Lust auf einen anderen Stoff. Vielleicht war ihr diese Hinwendung zum Schönen selbst noch nicht ganz geheuer. Jedenfalls legte sie das Manuskript beiseite und begann mit einem völlig anderen Sujet: „Paulinchen war allein zu Haus“, einem Roman über moderne Erziehung und ihre Folgen bei einer sensiblen Achtjährigen, dem Waisenkind Paula, das nach dem Unfalltod seiner Eltern und Geschwister bei seinen Großeltern in altmodischer, aber glücklicher Geborgenheit aufwächst, bevor es durch das Journalistenehepaar Christa und Kurt adoptiert wird. Bei unseren Gesprächen beantwortet Gabriele meine Frage, wie sie auf die Idee zu diesem Stoff gekommen sei: „Eines Sonntagmorgens schneite es, und mir war nach einem Kind zumute, das sich an dem Schnee freut. Das Kind ist ein bisschen melancholisch, lebt bei Adoptiveltern, bei denen es sich nicht richtig geborgen fühlt.“ Eigentlich sollte es nur eine Erzählung werden. „Aber dann hatte ich solche Lust an dem Kind und all den Situationen, auch noch mit den Großeltern, dass es sich zu einem Roman ausgewachsen hat.“

Dieser Roman erschien 1974 und wurde zu einem sehr großen Erfolg. Er erlebte viele Auflagen und noch nach 25 Jahren wiederholte Neuausgaben. Es ist der Roman, der am häufigsten in fremde Sprachen übersetzt wurde, unter anderem ins Russische, Rumänische, Slowakische. 1981 wurde er vom ZDF als Fernsehspiel bearbeitet und am 30. April 1981 gesendet.

Mit dieser Satire auf die vermeintlich fortschrittliche Erziehung mit dem für die Zeit typischen emanzipatorischen und freiheitlichen Vokabular zäumte Gabriele Wohmann den traditionellen Erziehungsroman gleichsam von hinten auf. Die frühen siebziger

Jahre waren nach dem Aufbruch der 68er geprägt von einer etwas ruhigeren, dennoch nicht weniger radikalen Umsetzung derer Ideen. Stichworte waren: Selbstverwirklichung, Frauenemanzipation, antiautoritäre Erziehung. Das alles spielt Gabriele Wohmann in ihrem Roman in facettenreicher Sprache virtuos durch. Hatte sie in einer ihrer bekanntesten und brillantesten Erzählungen „Die Bütows“ (1967) die brutal-autoritäre Mentalität einer Familienstruktur hinter dem scheinbaren Idyll einer ganz normalen Familie satirisch entlarvt, so behandelte sie im Paulinchenroman das andere Extrem einer Ideologie, nämlich das modisch missverstandene antiautoritäre Erziehungsprinzip.

In bewussten Zuspitzungen und Übertreibungen konnte Gabriele Wohmann hier wie dort eines ihrer großen Themen behandeln: die brutalen oder auch subtilen Unterdrückungsmechanismen innerhalb kleiner Einheiten wie Ehe und Familie und der gesamten Gesellschaft. Günter Häntzschel hebt in seiner Monografie über Gabriele Wohmann gerade in Bezug auf den Paulinchenroman ihr gesellschaftliches Engagement hervor: „Hier erweist sich die Autorin als engagiert: Sie übt mit ihren literarischen Möglichkeiten Kritik an einem konkreten, vieldiskutierten Phänomen der Öffentlichkeit im Gefolge der ideologischen Wende nach 1968, der antiautoritären Erziehung um jeden Preis, am Emanzipationsgehabe der Schickeria, an ihrer seelenlosen Wohnkultur, an bloßer Theoriegläubigkeit, am modernistischen Intellektuellenjargon.“

So erinnert sich Gabriele auch bei unserem Gespräch. „Das war eine Kritik an den sogenannten fortschrittlichen Erziehungsmethoden. Aber das war nicht mein Ziel, das läuft da einfach mit rein, denn ich bin ja ein schreibender Zeitgenosse. Ich habe beim Schreiben nie ein gesellschaftspolitisches Problem als ZIEL. Ich interessiere mich für Politik, ich sehe alle Nachrichten, ich lese Zeitung." Und lachend fügt sie hinzu: „Manche denken, ich sei ganz abgehoben und verkrieche mich in meiner Bücherwelt. So ein Quatsch! Ich bin ein teilnehmender Zeitgenosse."

Verwundern kann es nicht, dass das Echo auf den Roman zweigeteilt war. Neben ausgesprochen positiven Besprechungen gab es auch kritische Stimmen bis hin zur Ablehnung.

„Die Feministinnen haben mir übel genommen, meine Literatur sei nicht feministisch genug", erzählt mir Gabriele.

So beurteilt die Literaturwissenschaftlerin Mona Knapp in ihrer Studie „Zwischen den Fronten: Zur Entwicklung der Frauengestalten in Erzähltexten von Gabriele Wohmann" (1980) die Darstellung der freien Journalistin Christa, der Adoptivmutter der Waisen Paula „als eine der gelungensten Darstellungen des verfehlten Feminismus in der Gegenwartsliteratur" und den Roman als „maßgeblich für Gabriele Wohmanns Konzeption der Emanzipation", was die Verärgerung aus dem feministischen Lager begreiflich macht.

Zum Thema Feminismus und auch zur Neuen Subjektivität hat Gabriele Wohmann keine Meinung, da sie sich stets unabhängig von Zeitgeist und literarischen Strömungen bewegt hat. Schon lange, bevor in den Siebzigerjahren in der Literatur die „Neue Sensibilität" oder „Neue Subjektivität" – besonders im Schreiben von Frauen – aufkam (Vertreterinnen waren unter anderem Karin Struck, Brigitte Schwaiger, Verena Stefan, Christa Wolf), hatte Gabriele Wohmann das sogenannte Private zum Inhalt ihrer Erzählungen und Romane gemacht, so dass sie sich in einem Gespräch mit Albert Röhl ironisch als „Urgroßmutter“ dieses neuen Trends bezeichnet. (Weltwoche, 15. Juni 1977)

Das eben ist *ihre* Art, mit Strömungen des Zeitgeistes umzugehen: Sie stellt fest, sie beschreibt bis ins Detail. Sie schreibt nicht auf das *Ziel* hin, etwas zu kritisieren oder zu bewirken. „Ich bin ein Schreibender, ein Aufzeigender, ein Vorzeiger“, sagt sie und meint damit das Gegenteil eines Pädagogen oder Therapeuten. „Ich zeige Personen in der Hoffnung, dass dann anschließend über sie reflektiert wird. Manches Elend entsteht einfach dadurch, dass sich die Personen über sich selbst nicht im Klaren sind. Dass sie eben ihre Situation nicht durchdenken können“, antwortete Gabriele Wohmann in einem Gespräch mit Hella Schlumberger. (Publikation, 1972)

Im selben Interview gibt sie auch Auskunft zum Komplex, den ich in diesem Kapitel unter dem Überbegriff „Schönes Gehege“ für das Werk der Schaffensperiode 1971–1976 als kennzeichnend betrachte. „Ich finde es wahnsinnig wichtig, dass der (Alltag) funktioniert und der kann besser funktionieren meiner Meinung nach, wenn man auf sein Nicht-Funktionieren sehr aufpasst. Ich würde auch immer ein Plädoyer für nötig halten für Liebe, das klingt auch wieder pathetisch und kitschig, aber das ist überhaupt das wichtigste Erziehungsinstrument, was man haben kann dem Kind gegenüber.“

Und genau darum geht es im Roman „Paulinchen war allein zu Haus". Liebe hat Paula bei ihren Großeltern erfahren. Kurt und Christa, die „Erklärungsprofis", die die ganze Adoptionsgeschichte mehr wie ein Experiment betrachten, wollen ihre kindlichen Sehnsüchte nicht wirklich verstehen, sondern versuchen mit Paula, ganz so wie sie es in der einschlägigen Fachliteratur gelesen haben, partnerschaftlich umzugehen, zu diskutieren, Sachverhalte transparent zu machen. Besonders Christa möchte mit ihr auf der Vernunftebene kommunizieren, sie zu einem *vernünftigen* Menschen machen. Gefühle kommen dabei entschieden zu kurz, nur ansatzweise sind sie im Zusammenleben mit dem Adoptivvater Kurt möglich, den Paula deshalb auch lieber mag. *„Er ist immer so nah dran, unheimlich in Ordnung zu sein, dachte das Kind, immer fast lieber Kurt. Oft richtig lieber Kurt. Er kriegt nur von Christa dauernd wieder was vermurkst und dann langweilt ihn alles wieder und nichts kommt vom Fleck."*

Dennoch wird ihr im Grunde kein eigenes Leben zugestanden, was sich besonders im fehlenden eigenen Zimmer äußert. (Hier denkt man sofort an Virginia Woolf's Essay „A Room of One's Own", der die Wichtigkeit eines eigenen Zimmers für die Entwicklung, insbesondere der Kreativität, betont.) Christa verweigert Paula diesen Wunsch mit dem Argument: *„Ein eigenes Zimmer für dich zerstört die Schönheit der Raumaufteilung."* So schläft Paula in einem offenen Verschlag des Wohnateliers, das zudem äußerst kapriziös eingerichtet ist. Das Wohnatelier – übrigens eine Nachbildung des Wohmannschen Hauses auf der Rosenhöhe – ist in seiner Raumaufteilung bewusst offen und türelos. Paula vermisst die gemütliche Atmosphäre bei den Großeltern und zieht sich in ihre kleine Koje zurück mit ihren Schreibheften, die sie nicht einmal richtig verstecken kann vor den neugierigen Blicken der Erwachsenen. Die sitzen tagsüber immer an ihren Schreibmaschinen, und nachts wollen sie auf keinen Fall durch Paula gestört werden in ihrem wertvollen Schlaf. Abends kann sie dafür in ihrer Schlafkoje hinter dem Vorhang die Gespräche der Erwachsenen belauschen. Das hört sich dann so an: „*Warum nur, warum bildet sie sich das ein und das und das und das – Aufzählen der Einbildungen und Erfindungen ohne Ende, warum nur, warum ist Paula so wie sie ist, warum ist Paula so, wie sie zu sein vorgibt und demnach sein möchte, warum nur, warum. Gedanke für Gedanke, Beobachtung auf Beobachtung ein Warum. Selbstverständlich, das ist nicht ohne Spannung für uns, klar. Aber gelegentlich kommt man doch nicht recht weiter.*“

Und im „Geselligkeitskreis der Adoptierer“, wie Paula das abendliche Beisammensein mit Freunden oder Kollegen im mit Antiquitäten garnierten Wohnatelier nennt, werden eifrig das Befinden und die Absonderlichkeiten von Paula diskutiert, was wiederum von dem nur scheinbar schlafenden Kind belauscht wird. „*Da flüchtet sie, als das Paulinchen, halt einfach gelegentlich in ihre frühkindliche Welt, nach der hat sie wohl ein wenn auch ebenfalls nicht gerade gesundes Heimweh oder so was. Das Paulinchen, das kann man allenfalls noch verstehen. Obschon: abgeschafft werden muss es auch, eigentlich vor allem es, das Paulinchen, der Zeitpunkt ist eigentlich längst da, besser: überschritten, nun denn, bei unserer*

Toleranz und eingedenk der Schwierigkeiten als Vollwaise lassen wir ihr eben noch ein bißchen Zeit.“

Gabriele Wohmann hat das Kind Paula, das zu Beginn der Romanhandlung acht Jahre, am Ende dreizehn Jahre alt ist, bewusst als Kunstfigur geschaffen und sie nicht mit kindlicher Sprache und altersgemäßen Gedanken ausgestattet. Was manche Kritiker dazu veranlasste, das Kind als altklug oder als „Zwergriesen“ zu bezeichnen. Gabriele Wohmann selbst findet das Kind nicht besonders schwierig. Aber natürlich ist es auch ihre Figur. Hans Wagener sieht darin gerade den Vorzug des Romans: „Paula ist keine realistische Person, sondern die Schriftstellerin Gabriele Wohmann ist in ihre Haut geschlüpft, hat in ihr eine Kunstfigur geschaffen, die in ihrer, von der Autorin geborgten Sprache ihre Erfahrungen mit der modernen Erwachsenenwelt in Worte fasst. Gabriele Wohmann hat sich nicht verstellt, sondern nur ein Kind (...) sprechen lassen.“

Der Entwicklung dieses Kindes im Roman folgt man als Leser gern und mit innerer Anteilnahme, manches hat man auch selbst so oder ähnlich erlebt oder gedacht. In dieses Kind Paulinchen hat Gabriele Wohmann auch ganz viel von sich selber hineingesteckt, aus ihrer eigenen Kindheit, in der es diese Geborgenheit, diese Verlässlichkeit und ein absolutes Vertrauen gab innerhalb der Familie, eben ein „schönes Gehege“, das Paulinchen bei den Großeltern hatte, aber bei den neuen Eltern vermisst. Indem Gabriele Wohmann sich in dieses Kind hineinfühlt, kann sie sich umso lebhafter noch mal an ihre eigene Kindheit zurückerinnern. Es sind die Jahre, von denen sie sagt, sie sei drei Jahre lang wie verkrampft gewesen in der Sorge um den Vater und der Angst vor seinem Tod. Dass er herzkrank war, aber darüber nicht viel sprach, vielmehr seine Sorge umgekehrt stets seiner Familie galt, verringerte Gabrieles Unruhe überhaupt nicht. Ihren geliebten Vater zu verlieren, war für sie ein Schreckensgedanke sondergleichen. Sich in dieser Zeit beim Schreiben eines Romans so intensiv in die eigene glückliche Kindheit hineinzuversetzen, mag etwas Beruhigendes, Tröstliches gehabt haben. „Lieber Gott, lass alles beim Alten“, dieses ihr altes Kindergebet wird sie vielleicht manches Mal mit dem Paulinchen gedacht haben, das sich auch zu seinem heimlichen Komplizen, dem lieben Gott, flüchtet. *„O, bitte, lieber Gott, ich will bitte nichts Gerührtes wegen Christa empfinden, ich will nicht wieder so reinfallen mit einem Gefühl, beschwor das Kind sich selber und den Einschlafkomplizen und den Gelegenheitsmitarbeiter bei Tageskomplikationen, seinen privaten lieben Gott, seinen geheimen Spießgesellen, seinen großzügigen Gastgeber der toten Familie, den Besitzer vom Tisch des Herrn.“*

Dass die neuen Eltern Paulas kindliche Frömmigkeit als Gefühlsduselei und als Relikt aus der sentimentalen Phase im Großelternhaus zurückweisen, ebenso wie ihren Wunsch, noch mit ihren geliebten etwas ramponierten Puppen zu spielen, passt ganz ins Bild einer modernen Lebensweise und Erziehung, wie Christa und Kurt sie praktizieren. Dem Paulinchen hat Gabriele Wohmann wohl eine Kindheit gegönnt, wie sie selbst sie erlebt hat.

„Als Kind habe ich nicht mal den Lieben Gott gebraucht oder ihn mit meinem Vater verwechselt. Beim Abendgebet vor dem Schlafengehen bedurfte

ich nicht dringend endlich des geheimen Adressaten und Mitverschwörers – ich hatte ja einen mich begünstigenden, liebevoll überwachten, sorglosen Tag hinter mir und nichts Feindseliges gegen die Welt bis zum Einschlafen speichern müssen", bekennt sie in dem autobiografischen Bericht „Das Aufscheinen der Vergangenheit in der Gegenwart". (In: „Unterwegs. Ein Tagebuch", 1986)

Das Gegenteil erlebt Paula bei ihren Adoptiveltern. Sie sind zwar durchaus wohlmeinend, können ihr aber dennoch nicht das so lebenswichtige Gefühl vermitteln, dass da zwei Personen sind, ihre Eltern, bei denen sie sich geborgen weiß. Paulinchen findet bei ihnen kein wahres Zuhause, keine echte Zuneigung und Liebe. Die nach Lehrbuch praktizierte Toleranz verkehrt sich in ihr Gegenteil, weil die Gefühle des Kindes nach Anlehnungsbedürfnis, nach Verständnis, aber auch Eigenständigkeit nicht akzeptiert, sondern nur diskutiert werden. Und dann konnte Gabriele Wohmann die kleine Paula auch noch ausstatten mit all ihren eigenen Vorlieben für Goethegedichte und traurige Musik von Bach und Schubert, was wiederum Reminiszenzen gerade auch an ihren Vater waren, mit dessen Goetheverehrung die Kinder aufgewachsen waren und der auch in Briefen an die erwachsene Gabriele immer wieder Goetheverse unterbrachte.

Es ist aber nicht nur ein Kind, das Gabriele Wohmann in diesem Roman porträtiert, sondern hier figuriert das Kind auch für den Künstler, die Künstlerpersönlichkeit mit ihrer Fantasie, ihrem Freiheitsdrang, mit dem Wunsch, sich als Selbst verwirklichen und zum Ausdruck bringen zu können.

Nicht umsonst ist Paula eine kleine Schriftstellerin oder sogar Dichterin, die sich mit zwar unbeholfenen Gedichten und bei großen Dichtern ausgeliehenen Versatzstücken auch als solche fühlt. Gerade darum kränkt sie, dass sie sich besonders von Christa nicht in ihrem Sosein verstanden und akzeptiert, sondern als bloßes Anschauungsobjekt behandelt fühlt. „*Ich habe nun schon mehr als genug Materialien für ein Buch, entweder über ein Kind oder für Kinder, ich weiß es noch nicht, ich denke, es ist so oder so lehrreich – und: täglich kommt ja Neues hinzu*", hört Paula ihre Adoptivmutter zu ihrem Besuch sagen.

In diesem Zusammenhang erscheint mir die Interpretation von Manfred Jurgensen interessant. Er versteht die schreibenden Personen in Gabriele Wohmanns Roman – hier das Kind Paula, dort die Erwachsenen – als „kritische Gegenüberstellung zweier Literaturkonzepte, infantil das eine, abstrakt ideologisch das andere". In der Tat betrachtet Gabriele Wohmann beide für sich als nicht ausreichend, obwohl eine deutliche Sympathie der Autorin bei der Kindlichkeit liegt, was ja in Bezug auf eine Künstlerpersönlichkeit gleichbedeutend ist mit Emotion, Fantasie, Kreativität ganz allgemein. Und so läuft der Roman auf eine Synthese hinaus – zum ersten Mal übrigens bei Gabriele Wohmann: Paula, inzwischen dreizehnjährig, beschließt, in ein Internat zu gehen und teilt diesen Entschluss den Adoptiveltern mit, die in ihm den Sieg der Vernunft über das Gefühl zu erkennen glauben. Am Ende des Romans gibt Gabriele Wohmann die Gleichrangigkeit von Emotionalität und Vernunft zu erkennen, die während des Romangeschehens in antithetischer Gegenüberstellung behandelt wurden. Paula fasst zusammen, was ihr während des Zusammenlebens mit Christa und Kurt bewusst geworden ist: „*Wirklich schlau und schlauer als sie beide, das war ich und bin immer weiter ich. Immer gewesen. Und in Zukunft: Die werden mich nie ganz einholen. Viel wissen, das tun sie ja, aber viel auch noch fühlen, das gehört dringend dazu, sonst ist man nicht ‚schlau'.*"

Nach der Krise, durch die Gabriele Wohmann in den zurückliegenden Jahren gegangen war, hatte sich bei ihr etwas grundlegend geändert. Diese Veränderung wurde auch von der Kritik erkannt, aber erst an ihrem Roman „Schönes Gehege" festgemacht. Hier wird einhellig eine Zäsur in ihrem Werk diagnostiziert, so zum Beispiel von Heinz F. Schafroth im „Kritischen Lexikon der deutschsprachigen Gegenwartsliteratur": „Thematisch und formal eine unverkennbare Zäsur im Schaffen Gabriele Wohmanns stellt erst der Roman ‚Schönes Gehege' (1975) dar." Auch in anderen lexikalischen Beiträgen ist von einem „Wendezeichen", einem „Wandel", „Einschnitt" oder der „Abkehr vom Nur-Satirischen" die Rede. Im Grunde trifft die Bezeichnung „Wandel" noch am ehesten den Prozess, den Gabriele Wohmann in jener Zeit durchläuft. Denn es ist natürlich keine abrupte Wende, die sich in ihrem Schaffen vollzieht. Sie selbst hat dazu in einem Gespräch mit Dieter E. Zimmer (DIE ZEIT, 20.12.1974) gesagt: „Ich glaube, dass ich es früher zu einseitig gemacht habe, indem ich bloß das Schäbige und Miese beschrieben habe, weil da etwas gefehlt hat, weil das Schreckliche mehr Dimensionen, mehr Schrecken bekommt, wenn man auch das Schöne, das mögliche Schöne, wenn auch vergängliche Schöne, nicht unterschlägt. Das will ich nicht mehr tun. Das Schreckliche und Schöne haben eine Art Immanenz; sie gehören zusammen. Wenn ich nur das Schreckliche beschreibe, verfahre ich zu karg damit. Sein Gewicht bekommt es erst, wenn man weiß, dass es auch sein Gegenteil gibt. Wenn Trost vorkommt, dann bedeutet das einfach, dass ich selber sehr stark trostversessen bin."

Bei meinen Recherchen fand ich eine bemerkenswerte Aussage Gabriele Wohmanns, die mir half bei meiner Frage, wie es zu erklären sei, dass Gabriele trotz einer überaus glücklichen Kindheit in den ersten Jahren ihrer literarischen Produktion so sehr das Negative bevorzugte. Von der Autorin bekam ich auf mein Nachfragen keine rechte Erklärung dafür. Gegenüber Gregor Laschen hat sie aber 1979 Folgendes bekannt: „Wenn ich jetzt manches von früher durchlese, für Anthologien z. B., dann finde ich auch vieles sehr bitter, streng und manchmal karikierend. Ich hatte einen langen *Unlust-Stau* (Hervorhebung I.S.), aus glücklicher Elterngeborgenheit stammend, vielleicht ist es mir immer zu gut gegangen, um der Unwahrhaftigkeit zu bedürfen. Gut, gegen den bösen Blick habe ich nichts, wenn ich ihn umbenenne in einen genauen und nötigen Blick, auf Miserables, auf Mißstände." (Gregor Laschen: Kunstfiguren gegen das alltägliche Chaos, 1979).

Dieser „Unlust-Stau" muss sich dann – beginnend mit dem Paulinchenroman – langsam aufgelöst haben, so dass Raum wurde für „das Schöne in seiner schwierigen Umrahmung und Gefährdung". Werkgeschichtlich von Bedeutung dürfte auch die nun vermehrt einsetzende Produktion von Gedichten sein. Waren Gedichte von Gabriele Wohmann bisher nur sporadisch in verschiedenen Publikationsorganen und zehn Gedichte im Band „Selbstverteidigung“ erschienen, so legte sie mit dem Band „So ist die Lage“ (1974) den ersten eigenständigen Gedichtband in einer bibliophilen Ausgabe der Eremiten Presse vor. Ihm werden die Bände „Grund zur Aufregung“ (1978), „Ich weiß das auch nicht besser“ (1980) und „Komm lieber Mai“ (1981) in relativ kurzen Abständen folgen.

Wie oben dargelegt, markierten die Jahre 1971 bis 1974 eine Zeit der Unruhe und Neuorientierung in Gabrieles Biografie. Eine solche begünstigt in besonderer Weise die Beschäftigung mit dem Genre Gedicht. Als lyrisch mochte und mag Gabriele Wohmann ihre Gedichte allerdings nicht bezeichnen. Sie sind nicht verrätselt oder hermetisch. Sie bevorzugen eine alltägliche Sprache, die dennoch rhythmisch und gedanklich strukturiert ist. Es sind unverstellte Selbstaussagen in ICH-Form, die auch den Leser in seinem Innersten erreichen. Denn wenn ein dichtendes Ich allgemein menschliche Fragen wie Krankheit und Tod, Schuld und Einsamkeit behandelt, kann sich jeder angesprochen fühlen.

In einem Werkstattgespräch mit Manfred Durzak (1977) bekannte Gabriele Wohmann: „Ich glaub, es war nicht meine glücklichste Zeit, als ich diese sprachexperimentellen Sachen gemacht habe.“ Sie mündete aber in diese Phase einer positiveren Grundeinstellung, wie sie in diesem Kapitel beschrieben wird. Gerhard P. und Mona Knapp kommen in ihrer Analyse des Bandes „So ist die Lage“ zum Schluss: „Im

Ganzen zeichnen sie das eindringliche Bild eines Ich, das um seine Identität und um ein sich neu konsolidierendes Bewußtsein kämpft." Gabriele Wohmann schafft sich mit den Gedichten und dem zeitgleich entstehenden Roman „Schönes Gehege" ein Refugium der Selbstbesinnung.

Dass sie in den Gedichten mehr noch als in allen Prosaarbeiten, die ja auch schon und immer wieder von der Kritik auf autobiografische Bezüge abgeklopft wurden, erkennbar ist, hat sie in einem Gespräch mit Dieter E. Zimmer bekannt: „Das bin wirklich ich in den Gedichten. Die Leute, die mich ausfragen, die mir die Kleider vom Leibe reißen möchten, die verweise ich auf diese Gedichte. Da haben sie mich, völlig unverschlüsselt." (DIE ZEIT, 20.12.1974)

Ein frappierendes Phänomen, das in Besprechungen und literaturwissenschaftlichen Analysen überhaupt nicht erkannt oder herausgearbeitet wurde, ist für mich, dass Gabriele Wohmann in ihren Gedichten ihr „Schreibprogramm" sozusagen in nuce offen legt: nicht theoretisch, sondern so individuell, so privat, wie es nur Dichtung kann. Das immer wieder angemahnte, vermisste Engagement tritt hier in beinahe jeder Zeile offen hervor.

Bei meinem Versuch nach etwas Belangvollem
Ausschau zu halten
Mich den wahren Sorgen der Menschheit
zuzuwenden
und von mir abzusehen
Bin ich auf die Brandopfer, auf die Bombardierten,
auf die Verhungernden und auf euch gestoßen
Ich wollte das neue Jahr einmal nicht

mit Innenaufnahmen von mir beginnen
(...)
Im Gedränge der Wörter über die Lage,
die so ernst ist wie immer
Dermaßen also eingeschlossen
in überregionalem Entsetzen
Und vor allem was mich auch betrifft,
auch mich, wirklich durchaus
Beim Versuch von mir abzusehen
Bin ich auf mich gestoßen.
(„So ist die Lage")

Gabriele Wohmann ist ja nie müde geworden zu betonen, dass das sogenannte Private in ihren Werken immer zugleich auf das Überprivate zielt. Nur muss, wie es in einem Gedicht heißt, erst einmal die persönliche Betroffenheit entstehen, bevor das öffentliche Engagement beginnen kann. Und das möchte Gabriele Wohmann, wie wir bereits gezeigt haben, mit ihrem „Sensibilisierungsprogramm".

Aber genau so ist das:
Mich betrifft es. Zuerst muss ich
über mich ermitteln
Ob ich auf die Nachrichten überhaupt
reagieren kann
Ohne mich in einem mundgerechten Ergriffensein
nur aufzuspielen
Zuerst die persönliche Nachricht:
dein Tonfall vorhin
Vorher kommt nichts in Gang, zuerst muss ICH
mich von der Stelle bewegen
Auch ich könnte über Suez, über Chile

und in Wahrheit doch wieder
Von mir selber reden: ausreichend getarnt (oft
genug hätte ich Vietnam vorschieben können) …
Mit einem neuen Stück Bescheidwissen
über mich muss ich anfangen
(…)
Der Kopf, mitten in eine Trauer gefallen, ebnet,
vom Sturz benommen
Und doch wie erlöst
Die geheimen Reizschwellen zur Geborgenheit,
zur Versöhnung
Zu einem endlich übergeordneten Vertrauen (…)
Ich fange wieder an mit mir. Wieder ICH sagen
ES GEHT MIR GUT sagen – auf diese Weise.
(Es-geht-mir-gut sagen)

In den Gedichten des Bandes „So ist die Lage" wird die Wichtigkeit der individuellen Selbstbefragung gegenüber einer nur kollektiven und anonymen Parteinahme angesichts drängender gesellschaftlicher Probleme betont. Dass dazu Vertrauen, Versöhnung, Geborgenheit erst einmal persönlich erlebt und erarbeitet werden müssen, bevor das Ich sich dem allgemeinen menschlichen Leiden zuwendet, machen Gabriele Wohmanns Gedichte deutlich. Verlässlich kann ein Mensch sich zuallererst im engsten Raum bewähren. So kann man die Botschaft der Gedichte und eigentlich auch der meisten Prosawerke von Gabriele Wohmann verstehen.

Um eben diesen Erfahrungshorizont geht es auch im Roman „Schönes Gehege", um diesen Wunsch des Schriftstellers Robert Plath, nicht mehr böse, sondern gerecht zu schreiben, „*nicht mehr die Denunziationen der anderen in einem Groll einfach hundsgemein abzuschreiben*". Plath als Stellvertreter Gabriele Wohmanns will nicht mehr als sein eigenes Image, zu dem er (und sie) nicht unwesentlich selbst beigetragen hat, herumlaufen. So verkündet er seiner Mutter am Telefon: „*Diesmal versuche ich die Zufriedenheit zu beschreiben.*" Und er mobilisiert tatsächlich einen bisher ungekannten, vernachlässigten Kosmos an Versöhnlichkeiten, an einer Form von zwischenmenschlicher Behutsamkeit, insbesondere in einer Ehe, die selten schöner – ohne jeden Kitsch – beschrieben worden ist. „*Wenn zwei Leute, die verheiratet sind, mit den Jahren lernen, aus dem, was sie als verliebte Planlosigkeit zusammengebracht hat, etwas so Behutsames, Verwandtschaftliches zu machen: eine große Sache, gnädiges Glück. Ich finde das lebensfroh todernst, todernst lebensfroh, das ist das gleiche*", lässt Gabriele Wohmann ihren Plath zu seiner Frau Johanna sagen. Und an anderer Stelle: „*Schön ist das, klar, Versöhnlichkeit, Aussöhnung, die neue, die alte, nun endlich wiedergefundene Sprache der Übereinkunft, wir werden fündig in diesen Sprechanlässen. Gut, wohltätig: klar. Klar, vielleicht auch: vielleicht muß vorher gelitten, gestritten werden, damit wirs nachher so weich und mild miteinander haben können. Trotzdem, es bleibt eine Vergeudung, das was vorausging, der Streit.*"

Gabriele Wohmann schreibt sich in diesem Roman tatsächlich an die Glücksränder heran. „*Plath war plötzlich durchflutet von einem ganz unheimlich großen Glücksgefühl und war wieder im Wald. Er spürte seine ganz unheimliche Kapazität beim Auf-*

nehmen des Schönen, des Glücks, und jetzt, gehend richtig neben Johanna, (...) jetzt glaubte er sogar, er müsse das auch endlich beschreiben können. Ich will das benennen, Glück, und was schön ist, schön nennen, einfach so in seiner glückmachenden Einsamkeit, glückmachendes Schönes, aus einem stumpfsinnigen Zusammenhang unvermutet herausgetreten, auch nicht ohne meine Mitwirkung, ohne meine Aufmerksamkeit. Ich schreibe mich bis zu den glücklichen Rändern."

Natürlich wäre Gabriele Wohmann nicht die scharfzüngige Analytikerin auch ihrer selbst, wenn der Roman in einer säuselnden Glücksinnigkeit verliefe. Ecken des Anstoßes gibt es reichlich, und die werden auch weidlich ausgebreitet, so dass die Spannung der Geschichte sich aus diesem Kontrast ergibt. Gegenspieler sind der Regisseur Roll und sein Kamerateam und überhaupt die öffentliche Meinung, die in Robert Plath den Typus „zerquälter Poet" festschreiben wollen. Erst durch die Dreharbeiten wird ihm klar, dass er auf eine bestimmte Rolle getrimmt werden soll. Das Interesse gilt gar nicht ihm, sondern seinem Image als lebensmüdem Dichter mit dem bösen Blick. „Behalten Sie den bösen Blick", bitten ihn seine Verehrer, und Roll ist der Meinung: „Er steht Ihnen, man erwartet ihn von Ihnen, und er muss übrigens auch vorkommen laut Drehbuch."

Mit ironischer Verve behandelt Gabriele Wohmann auch die zum Schriftstellerdasein gehörende Lesetätigkeit, zum Beispiel in Schulen: „*(...) ausgefragt, werde ich wieder mit einem Hohn in der Stimme und von oben herab Literatur als sogenannte Lebenshil-*

fe, als gesellschaftspolitisch beeinflussenden Beitrag und werweißnoch verächtlich machen, ich werde der Literatur wieder alle außerliterarischen, außerästhetischen Wirkungen und Beauftragungen von ihrer innerästhetischen Wahrheit wegreißen, ich werde euch Ausfrager zu einer anmaßenden und törichten Hoffnungshaltung Uneingeweihter ausmagern."

Wie schon erwähnt, hat Gabriele Wohmann Lesereisen immer für notwendig erachtet, mit einem lachenden und einem weinenden Auge. Wichtig für die Verbreitung ihrer Bücher, für den Kontakt zum Publikum, das allerdings ganz schön nerven könne mit seiner ewig gleichen Fragerei! Bis zu vierzig Lesungen im Jahr hat sie früher absolviert. Sogar in Haftanstalten hat sie gelesen. Und überall waren ihr Interesse und Neugier ihrer Zuhörer sicher.

Das Goethe-Institut organisierte viele Auslandsreisen. So war Gabriele Wohmann fast in allen europäischen Ländern von England, Frankreich, Spanien, Holland, Belgien zu Österreich, Schweden, Finnland und der ehemaligen DDR. In der damaligen Sowjetunion und Israel war sie zu mehrwöchigen Aufenthalten. Und in die USA wurde sie, wie erwähnt, mehrfach an verschiedene Universitäten eingeladen. Dass sie bei so viel Unterwegssein noch zum Schreiben kam, ist wohl ihrer besonderen Disziplin zu verdanken, die es ihr ermöglicht, auch die Zeit während des Reisens zum Schreiben und Notieren zu nutzen.

Zu Hause ist Gabrieles Arbeitszeit der Vormittag. In ihren „graphomanischen" Zeiten galt ihr ein Pensum von acht Seiten pro Tag als Maß. Von dieser „Regel" lässt sie sich aber auch gerne abbringen, jederzeit durch einen guten Kaffee oder eine filterlose Gauloise, seit einigen Jahren nur noch eine pro Stunde. Und natürlich ist sie nicht jeden Tag gleich gut aufgelegt. Auch das Genre, das sie wählt – Gedicht, Erzählung, Roman oder Hörspiel – hängt viel von ihrer speziellen Stimmung ab. Oft spielt auch einfach ihr Wunsch nach Abwechslung eine Rolle, und sie hat nach einer Reihe von Erzählungen mal wieder Lust auf die epischere Form des Romans. Einen Plan macht sie sich eigentlich nie, wie sie sagt. Da sind manchmal Figuren im Kopf, manchmal auch eine Stimmung oder eben unerwarteter Schneefall am Morgen, wie es beim Paulinchen war.

Karl Krolow, Nachbar auf der Rosenhöhe, sah bei Gabriele Wohmann oft schon frühmorgens Licht und vermutete sie an ihrem Schreibtisch auf der Empore des Atelierhauses. Wenn sie mit ihrem Mann nachmittags einen Spaziergang machte – und das tat sie ziemlich regelmäßig, auch allein ist sie oft zu einer kleinen Runde aufgebrochen – musste sie an Krolows Haus vorbei durch die Allee zum Parktor mit den steinernen Jugendstillöwen auf hohen Backsteinsäulen, dem fotogenen Eingang zum Park Rosenhöhe. Auch Dolf Sternberger und Georg Hensel vom Darmstädter Echo, ab 1975 Theaterkritiker bei der FAZ, haben zur gleichen Zeit auf der Rosenhöhe gewohnt. Letzterer hat über Gabriele und ihr Wohnatelier 1972 ein sehr lebendiges Porträt geschrieben: „Das Atelier ist aus Spannbeton gebaut, es hat ein hohes Pultdach, seine Vorderfront besteht aus Fenstern. Im Innern führt eine Treppe hoch zu einer Empore, gewissermaßen einem ersten Stock, der jedoch höchstens ein Viertel so groß ist wie die Bodenfläche, und auf dieser Empore steht der Schreibtisch. Ihr Tagespensum: acht Seiten, wenn's gut geht; sofort in die Maschine geschrieben. Korrekturen mit der Hand, dann nochmals tippen." Nicht vergessen werden die berühmte Pinnwand mit den Zetteln, der Strandkorb mitten im Wohnzimmer, der italienische Renaissance-Schreibtisch, das alte Sofa, das Schaukelpferd, das meiste Mobiliar an Kindheitszeiten erinnernd und natürlich auch einfach schön. Über Reiner Wohmann schreibt Hensel in dem Porträt: „Man kann sich mit ihm sachverständig unterhalten, falls man soviel Sachverstand hat wie er, über Literatur, Gartenkräuter, Putzmittel. Er putzt in jeglichem Sinn alles weg, was Gabriele bei ihrer Arbeit stören könnte. Ihr das hemmungslose Schreiben ermöglichend, schreibt er gewissermaßen mit, und er weiß dies auch; es ist sein unausgesprochener, berechtigter Stolz." (Beide Zitate in „Materialienbuch", 1977)

Diese Bedeutung, die Reiner Wohmann im Zusammenleben mit seiner schriftstellernden Ehefrau für den reibungslosen Ablauf des Alltags hat, findet man auch oft in ihren Texten in verwandten, verwandelten Situationen wieder. „Kann sein, dass man Mitteilungen über sich selber ab und zu in seine Texte schmuggelt", gesteht Gabriele. Und so dürften in der Ehefrau Johanna in „Schönes Gehege" sich auch einige Wesenszüge von Reiner wiederfinden. Und die Betonung der Wichtigkeit eines harmonischen Ehealltags – eben dem eines „schönen Geheges".

Auch findet Gabriele, dass, wenn sie ihre Lieben in ihren Büchern als Vorbilder benutzt, dies „kleine Unsterblichkeitsmachungsversuche" sind. Denn natürlich kennt sie das auch – wie viele andere Schriftsteller: das schlechte Gewissen gegenüber der Familie, dass die immer auch ein wenig zu kurz kommt.

Die biografische Situation während der Arbeit an „Schönes Gehege" war bestimmt durch den Tod des Vaters, der auch zum eigentlichen unterschwelligen Thema des Romans wird. In dieser speziellen Lage zwang Gabriele sich in ihrem Protagonisten Robert Plath zum Sortieren ihrer Gefühle und mobilisierte in sich diese auf Harmonie bedachten Empfindungen und Taten. „Schönes Gehege" wurde, ohne dass sie es sich für ihr Romanprojekt extra vorgenommen hätte, zu einem ihrer hoffnungsvollsten Bücher. Hoffnung als etwas Transzendentales, etwas, das über dies Erdenleben hinausweist. Das ist nicht immer eine feste Größe im Denken von Plath, aber ein ständiges Bemühen, *„dass ich das Ende von allem nicht als das größte Entsetzen umgehe, sondern als die größte Hoffnung und den wahren Anfang, als endlich Erreichtes, Eingelöstes, Erlöstes, es sogar bejahe"*.

Paul Guyot ist am 9. September 1974 gestorben. Er war herzkrank, aber nicht leidend oder sterbenskrank. Dennoch musste man jederzeit mit seinem plötzlichen Tod rechnen. Er starb mitten in einem Fernsehstück, das er zusammen mit seiner Frau anschaute, abends um neun Uhr nach einem schönen Tag, wie die Mutter später erzählt. Die Tochter hat sie nicht mehr verständigt am Abend. Gabriele erfuhr erst am nächsten Morgen bei ihrem allmorgendlichen Telefonat davon.

„Sie haben mich am 19.9. (fiktives Sterbedatum von Plaths Vater) abends um 21 Uhr, als er gerade gestorben war, nicht mehr angerufen. Meine Mutter hat mir das nächtliche Elend ersparen wollen. Ich

muss diese abgründigen Verhaltensweisen, die zarte Gnade meiner Mutter, meine Untauglichkeiten, diese meine Delikte, mir interpretieren", bedenkt Robert Plath. Kann jemand schonungsloser über sich selbst schreiben – mittels einer fiktiven Gestalt – als Gabriele Wohmann?

Das Diktum von Michel de Montaigne „Ich bin der einzige Inhalt meines Buches", das sich wie ein Motto durch den Roman zieht, gilt für alle Bücher Gabriele Wohmanns. Aber sie sind trotzdem nicht autobiografisch (Ausnahme nur der nachfolgende Roman „Ausflug mit der Mutter"), weil Gabriele Wohmann es schafft, Distanz zu schaffen zwischen sich und ihren Romangestalten und dadurch eine Objektivierung herzustellen, die eine Identifizierung des Lesers mit den jeweils aufgeworfenen Fragen ermöglicht.

Diese sind in „Schönes Gehege" ausgesprochen existenzieller Natur, weil vom Tod des Vaters her gedacht. In dem zeitgleich zum Roman entstandenen Hörspiel „Mehr oder weniger kurz vor dem Tode" geht es um eine „Beerdigung ohne Religion" und die Schwierigkeiten, auf den Tod zu reagieren, sich richtig zu ihm zu verhalten, um verdrängte Todesangst. Gabriele zu diesem Hörstück: „Dieses Gequassel auf Beerdigungen folgend, die Verlegenheit dem Tod gegenüber (...) Und dann gibt es diese Figur, mit der ich mich identifiziere. Er ist mein wahrer Protagonist, das ist der Robert, der als Störeffekt auftritt, indem er darauf hinweist, dass man eigentlich den Tod in sein Leben integrieren muss, so im Sinne von – um die Bibel zu zitieren – ‚Herr, lehre uns bedenken, dass wir sterben müssen, auf dass wir klug werden'."

Dieser ernsthafte, beinahe metaphysische Impetus des Romans wird von der Kritik allerdings weitgehend verkannt. Eine Ausnahme bildet die Rezension von Hilke Prillmann (DIE WELT, 11.10.1975): „Um diesen Glauben an die Möglichkeit eines menschenwürdigen Lebens kämpft Robert Plath, stets in Gefahr zu unterliegen. Sein Verhältnis zur Wirklichkeit, die sich ihm ständig zu entziehen droht, ist ein gebrochenes, aber zäh bleibt er ihr auf den Fersen, lässt sich nicht abschütteln in ‚Leere, Langeweile, Gottlosigkeit'. Ein Roman, der neue, wenn auch schwer beschreitbare Wege weist, wie längst verloren geglaubte Werte wiedergewonnen werden können; Werte wie Liebe, Hoffnung und Schönheit; Werte, die den Keim des Verderbens stets in sich tragen, die aber mehr als eine Fata Morgana sein müssen, wenn der Mensch überleben will. Ein Roman unter dem Motto: ‚Herr, ich glaube. Hilf meinem Unglauben'."

Dass diese Besprechung den Kern Wohmannschen Schreibens trifft, macht ihre eigene Aussage deutlich, die sie zu eben jener Zeit in dem bereits erwähnten Interview mit Dieter E. Zimmer (DIE ZEIT, 20.12.1974) machte: „Neulich hat mir jemand gesagt, es sei doch alles in Ordnung, das Leben ist lebenswert, man müsse damit einverstanden sein, dass es dann gut verpackt unter der Erde endet, alles andere sei Illusion. Solche Leute enttäuschen mich unheimlich, sie machen mich krank und elend, weil ich solch einen Ekel habe vor der Vorstellung des Nichts. Ich habe von Hoffnung gesprochen, und da wurde auch der ekelerregende Fehler gemacht, Illusion und Hoffnung in einen Topf zu werfen. Ich muss kein philosophisches Wörterbuch aufschlagen, um zu sehen, dass das nicht das Gleiche ist. Illusionen, das sind kindische Selbsttäuschungen, Selbstbetrügereien, um irgendetwas besser überstehen zu können, während Hoffnung ja etwas, nun ... was weiß ich: Transzendentales ist, einfach viel mehr. Zur Hoffnung passt das Verb erfüllen, zu Illusionen passt gar nichts, Illusion ist einfach leer, infantil, tölpelhaft. Was mich tröstet und beruhigt, ist, dass das menschliche Gehirn doch immerzu an letzte Grenzen stößt, es tröstet mich, dass man nicht alles wissen kann. Ich finde es unvernünftig, bloß an die Vernunft zu glauben."

Alle diese Gedanken, über die auch wir immmer wieder miteinander sprechen, diese ganzen unerlaubten Vokabeln wie Gott, Erlösung, Himmel, Paradies, Glauben, Ewigkeit entdeckt man, wenn man aufmerksam liest, wenn man sie nicht überliest, in allen Büchern Gabriele Wohmanns, und zwar schon von Anfang an. Aber sie sind so unauffällig hineingeschmuggelt, dass kein Kritiker bis jetzt auf den Gedanken gekommen ist, Gabriele Wohmann als christliche Autorin einzuordnen. „*Würde doch der Tod richtig verstanden, als der Übergang zum wahren – wenn auch zugegebenermaßen leider unbekannten – Sein, dann nur könnte vernünftig gelebt und gestorben werden. Mit dem Sterben gelebt werden*", so steht in dem Roman „Schönes Gehege" zu lesen.

Nein, sagt sie im Gespräch zu mir, religiöse Literatur, das sei ihr zu eindeutig, bei ihr seien diese Dinge ja immer sehr verborgen. Und doch muss Gabriele Wohmann ein ganz starkes Bedürfnis haben, immer wieder gerade über diese so unmodernen Wörter nachdenkend auch zu schreiben. Ich frage sie, ob das vielleicht auch mit ihrem Vater zusammenhänge, von dem sie in Andachten und Predigten ja die Güte und Freundlichkeit Gottes vermittelt bekommen hatte. Denn trotz der Unauflöslichkeit durch intellektuelles Hinterfragen, wer und was denn Gott sei, ist für Gabriele Gott noch immer auch der „liebe Gott" ihrer Kinderzeit geblieben. Sie wehrt sich gar nicht gegen die von mir benutzte Bezeichnung einer „naiven Gläubigkeit", sondern sagt es sogar selbst: „Mein kindlich gebliebener Glaube ist ja total angewiesen auf Gott und sehnt sich nach dem Himmel." Und sie nimmt wieder dieses Bild aus der Bibel zu Hilfe, das sie schon einmal zitiert hat: „Jetzt sehen wir in einen Spiegel, in einem dunklen Wort; dann aber von Angesicht zu Angesicht." Sie lauscht dem Satz hinterher. „Eine großartige Verheißung", sagt sie. „Wir brauchen nur an sie zu glauben. Graham Greene haben sie kurz vor seinem Tod gefragt, wie er sich das Leben nach dem Tod und Gott vorstelle, worauf er geantwortet habe: Ich geniere mich ein bisschen es zuzugeben, aber ich stelle mir Gott als Person vor. Wie denn auch anders!"

Diese Antwort hat Gabriele Wohmann außerordentlich sympathisch gefunden, weil sie klar ist und nicht drumherum redet, sich nicht in „Wischi-Waschi-Ausflüchte" hineinrettet, in Begriffe wie „kosmische Energie", wie ihr überhaupt jeder Synkretismus, dieser heute so beliebte Mischmasch aus allen möglichen Religionen und Heilslehren, verhasst ist.

„Es ist doch einfach so, dass es schwierig wird mit dem Älterwerden, mit Krankheiten, Sich-Sorgenmachen-müssen, das ist doch nicht schön! Dann könnte ich die Liebe manchmal verfluchen."

Die Heftigkeit, mit der sie das sagt, erschreckt mich. „Müssten wir also weniger lieben?“, frage ich.

„Wäre das Leben dann nicht manchmal entschieden leichter, weil man dann ein freierer Mensch wäre?“, fragt sie zurück. Aber natürlich will sie gar nicht frei sein, will sie verflochten bleiben in diesem Gewebe, das sich Liebe nennt.

Zwischen uns entspinnt sich ein regelrechter Disput, ob denn all das, was nicht stimmt in der Welt, auch von Gott kommt. „Ich kann mir nicht vorstellen, dass Gott sich in unsere irdischen Angelegenheiten einmischt“, sagt Gabriele zu mir und wird richtig aufgeregt. „Wo es hier doch so wahnsinnig ungerecht zugeht. Es wäre doch merkwürdig und unglaublich, wo so viele Menschen verhungern oder in Bangladesh oder sonstwo wie die Ameisen ersaufen! Also, dass es dem einen gut, dem andern aber schlecht geht: Damit Gott in Verbindung zu bringen, halte ich doch für zu menschenartig gedacht.“

Viel wichtiger sind ihr die Verheißungen, Tröstungen und Hoffnungen, die uns auf unserem Erdenweg ein Stückchen weiterbringen: weg von hier, ein bisschen näher dorthin, wo wir alle hingehen. Da kann sie dem Theologen Karl Barth sehr viel abgewinnen, der gesagt hat: Nach dem Tod geht der Vorhang erst richtig auf. Und zu mir sagt sie: „Luther hat doch dieses ganz fundamentale Gebet gefunden: Herr, ich glaube. Hilf meinem Unglauben. – Das ist es ja, was täglich passiert. Glauben, das ist eins der schwierigsten Dinge überhaupt. Er ist eben nicht Besitz und damit jederzeit verfügbar. Der Mensch ist doch so schwach-blöd, dass er sich immer wieder anstrengen muss zu glauben.“

Ich zitiere eine Stelle aus „Schönes Gehege“, aus den letzten Seiten des Romans. Robert Plath und seine Frau Johanna machen nach dem Tod des Vaters eine Reise auf ihre Insel, wo Plath in aller Ruhe über alles nachdenken will. *„Ich werde in diesen Inseltagen meine die Vergänglichkeit aus der Welt katapultierende Erfahrung machen. Mein dann endlich erst SCHÖNES GEHEGE.“*

Gabriele, die nie in ihren alten Büchern liest, lauscht dem Satz eine Weile hinterher, ohne etwas zu sagen.

„Ein schwieriger Satz“, antwortet sie dann und macht wieder eine Pause. Plötzlich scheint die Sache völlig klar: „Na, nachdem ich ihn im Himmel untergebracht habe, wie alle meine Lieben.“

So schreibt sie ja auch im Roman, dass Plath nun zwei Väter im Himmel habe und dass er jetzt dort sei, wo nach Ernst Bloch noch niemand war: in der Heimat. *„Ein, bevor er es durch Bloch legalisiert wusste, von Plath aus Nazizeiten her ungeduldetes, auch verachtetes Wort. Ich selber hätte nie gewagt, es zu gebrauchen. Jetzt geht es.“ Und auch: „Es ist doch einfach das schrecklichste Elend für den Menschen, wenn er seine religiösen, seine transzendentalen Beziehungen verloren hat (…) Weil ja auf keinen Trost gehofft wird. Weil der Tod nicht mehr als ein Anfang zu einem gnädigeren Sein begriffen werden kann (…) Was für klägliche Bindungen an die Erde, wenn es keinen Himmel mehr gibt.“*

Bei so viel Direktheit in Sachen Glauben verwundert es schon, dass diese Dimension bei Kritikern völlig außer acht gelassen wird. „Das wollen sie nicht, das können sie nicht, das ist ihnen peinlich“, ist Gabrieles Kommentar.

Aber das „schöne Gehege“ hat bei ihr auch durchaus diesseitige Bedeutungen. Ich zähle ihr auf, welche ich bei ihr gefunden habe:

Familie als Hort der Geborgenheit und Liebe.

„Ja, sehr sehr wichtig!“

Das Haus.

„Unbedingt! Lebenswichtig! Keinen festen Platz haben, vagabundieren, das ist nichts für mich.“

Die Kunst in Form von Bildern, Musik, Gedichten, das eigene Schreiben als menschliche Bezugnahme, als Interessiertsein und liebevolle Identifizierung, die Ehe als Form der Verantwortung füreinander, als gegenseitige Rücksichtnahme, Behutsamkeit und Versöhnlichkeit.

Gabriele nickt zustimmend.

Ich nenne weiter: Die Ferien als „Paradies im Taschenformat“, was sie so kommentiert:

„Das ist immer etwas Losgelöstes vom Alltag gewesen: Und dann habe ich gelesen und gearbeitet mit dem Reiner zusammen. Also idealer kann ich’s mir nicht vorstellen.“

Und Reiner zeigt mir ein Foto, auf dem sie beide am Strand im Sand sitzen, an einen Strandkorb gelehnt, jeder mit einem Buch in der Hand. Denn die Arbeit ging auch in den Ferien weiter, „weil wir immer sehr lange Ferien gemacht haben“.

Ja, und dann das Meer, der Mond, der Abendhimmel, der Schnee und der Wald, manchmal genügt zum Glück schon ein Spaziergang oder dasselbe Zimmer im selben Hotel, um das zu empfinden: *schönes Gehege.*

Natürlich ist ein jedes Gehege auch immer etwas Abgezirkeltes, Begrenztes, eine vielleicht nur allzu schöne Hilfskonstruktion zur Abwehr von Ängsten und Gefahren, vor Gedanken an die eigenen Unzulänglichkeiten im Umgang mit den Allernächsten, aber auch dem fehlenden oder zumindest mangelnden Interesse an gesellschaftlichen Problemen. Und außerdem der Angst vor einer existenziellen Leere – bei Gabriele gerade durch den Tod des Vaters, dieser übergroßen Bezugsperson in ihrem Leben. So lässt sie ihren Protagonisten Robert Plath sagen: *„Bitte, lass mich nicht in dieser Leere, lieber Gott, ich habe Angst vor dieser Leere, ich nenne diese Leere jetzt Gottlosigkeit. Langeweile ist Gottlosigkeit, ist Angst vor dem Nichts, vor dem Tode."*

Der Verlust des Vaters wird von Gabriele Wohmann folgerichtig verarbeitet in einer Annäherung an die Mutter als Witwe, um über diese Vergewisserung, dass jener das Leben gelingt, sich selbst zu retten. *„Schreiben über die Mutter ist die einzige Möglichkeit, über den Kopf der Mutter weg mit mir selbst zurechtzukommen."*

Es ist eine archetypische Situation, dieser Verlust einer so engen, langjährigen Zusammengehörigkeit – zwischen Mann und Frau, zwischen Vater und Tochter – die Gabriele Wohmann in ihrem Roman „Ausflug mit der Mutter" auf eindringliche Weise durchbuchstabiert. Das Thema ist zeitlos, wird von jedem verstanden. Der außerordentliche Erfolg des Romans bestätigt dies. Er erlebte viele Nachauflagen, wurde in sechs Sprachen übersetzt und erfuhr noch 1998 eine Neuausgabe.

Aber um den Erfolg allein geht es der Autorin nicht in erster Linie. Für sie sind noch andere Kriterien entscheidend. Das Schreiben über die Mutter ist für sie Zeichen ihrer Liebe, von der sie stets befürchtet, ihr nicht genug zu geben.

„Indem ich ihr etwas zu wenig gebe, gebe ich ihr so gut wie alles nicht." Und so wird die Arbeit am Roman zur täglichen Vergewisserung ihrer Liebe zur Mutter durch das Schreiben. *„Warum bin ich nicht längst darauf gekommen, über die Mutter zu schreiben? Auf keine andere Weise kann ich mich gründlicher um sie kümmern. Sorgfältiger und mit mehr Konzentration, mehr Anstrengung, äußerster Betroffenheit kann ich sie überhaupt nicht ernst nehmen. Der Artikulationsversuch über die Mutter als Witwe ist meine extremste Zuwendung."*

Und im beständigen Überprüfen ihres eigenen Erzählerbewusstseins wird der autobiografische Prozess objektiviert: *„Mehr als sonst bin ich festgenagelt vom Eindruck, diese ganzen Sachen, diese ganzen Sätze, sie gehen keinen etwas an außer mir"*, konstatiert die Ich-Erzählerin bereits auf den ersten dreißig Seiten, und fährt fort: *„Das ist mein ehrlichstes Schreibgefühl."*

Gabriele Wohmann weiß als erfahrene Autorin, die immer wieder auch mit autobiografischem Material umgeht, dass mit fortlaufender Arbeit an einem Sujet der Objektivierungsprozess zunimmt: *„Viel später erst wird das nicht mehr meine Sache sein. Dann geht sie jeden was an, alle geht sie an, egal wen, alle, die können"*, weiß die schreibende Tochter im Roman.

Das Vorhaben, Trauer über den Verlust des Vaters bei sich zuzulassen und auch das Einverständnis der Mutter in ihren neuen Stand als Witwe zu fördern, ist eingebettet in die reflektorische und erzählerische Betrachtung, wie lebenswichtig die Integrität der kleinsten sozialen Zelle der Familie ist. Diese gedanklichen Klärungsprozesse ihres eigenen Standortes waren zu dem Zeitpunkt, als der Roman erschien, eine Ungewöhnlichkeit.

Obwohl ein weiterer Roman jener Jahre sich mit der Mutterthematik beschäftigte, Peter Handkes „Wunschloses Unglück", in dem er den Selbstmord seiner Mutter verarbeitete, ist Gabriele Wohmanns Bekenntnis zu dem Ideal eines intakten Familienlebens, wie sie es in ihrer eigenen Familie erlebt hatte, gänzlich unzeitgemäß und wird beispielsweise von Peter Iden in seiner Besprechung als „Flucht in die private Ecke", als „Text ohne Kanten" beurteilt. (DIE ZEIT, 17.9.1976) Ganz im Gegensatz dazu spricht Otto F. Walter von einem „ebenso kühnen wie neuen Ton" in der deutschsprachigen Literatur. Gabriele Wohmann wage es zu beschreiben, „dass es Menschen gibt, die es schaffen, etwas so Altmodisches wie Güte zu leben und zu erfahren und zu geben. Im neuesten Roman, Ausflug mit der Mutter, bekennt Gabriele Wohmann sich unverhüllt und in Ich-Form dazu." (1976, Materialienbuch, Seite 45)

Auch die Rezensionen von Hartmut Scheible (FAZ, 14.9.76) und Albert von Schirnding (Süddeutsche Zeitung, 11.11.76) tendieren in diese Richtung. Schirnding hebt die Werte hervor, die Gabriele Wohmann in „diesem leisesten, aufrichtigsten Buch" vermittelt – „den Hinweis auf die Trostlosigkeit eines zeittypischen Autarkie-Ideals, das Berührungsangst mit Selbstständigkeit verwechselt, Gefühlsohnmacht, Scheu vor der Hingabe ummünzt in Ichstärke".

Insofern liest sich dieser Mutter-Roman wie das Gegenstück des Kind-Romans „Paulinchen". Und doch hätten Feministinnen Unrecht, wenn sie Gabriele Wohmann eines ungenügenden Autarkiebedürfnisses oder -anspruchs verdächtigten. „*In einer Zusammengehörigkeit darf einer nicht selbst ganz verschwinden. In einer Anhänglichkeit darf einer nicht sich selber verloren gehen. In der Zweierbeziehung muss jeder Partner ein eigenes Selbst entwickeln, es kaltblütig gewissenhaft hegen und fördern. Er muss etwas Unabhängiges von sich aus dieser Bindung mit dem anderen Partner heraushalten*", kann man in „Ausflug mit der Mutter" lesen. Aber auch eine andere Einsicht: „*Wenn man nicht in sich selbst wohnt, ist man auf der Erde nirgends zu Haus*", womit wir beim eigentlich „schönen Gehege" der Gabriele Wohmann sind – bei einem Aspekt, der in den Tagesfeuilletons so gut wie unbeachtet bleibt, der aber ihre Biografie und damit auch ihr Schreiben beeinflusst hat wie kaum etwas sonst.

Dann nämlich, wenn man bei sich selbst wohnt – Liebe, Verlass, Treue sind dafür unabdingbar – wird wie im Gedicht von Friedrich Schiller „alle Schönheit, die wir HIER gesehn, DORT als Wahrheit uns entgegegengehn". Das DORT als Sehnsuchtsziel der Gabriele Wohmann: „*Heimwehsüchtig, fernwehkrank, wir reiselustigen, nicht mehr allzu lang hier aufgehaltenen Fahrgäste.*" So hatte Gabriele es ja von ihrem Vater erfahren. So hat er es in seinen mit akkurater Handschrift eng beschriebenen Briefen an die Tochter selbst gesagt: „Denn immer ist der Tod eine Erlösung … in Wahrheit ist der Tod eine ‚Vollendung', für die wir dankbar sein sollen … denn was sichtbar ist, ist zeitlich; was aber unsichtbar ist, ist ewig. Denn wir wissen, wenn unser irdisch Haus, diese Hütte, zerbrochen wird, so haben wir einen Bau, von Gott erbaut, ein Haus, nicht mit Händen gemacht, das ewig ist im Himmel." (Brief des Vaters vom 27. März 1971)

Und die Tochter schreibt an die Mutter am 14.9.76: „Ja und nicht nur daß ich BIN verdanke ich Dir (...) ich verdanke Dir ja sogar, daß ich WERDE. Wenn wir ja darauf beharren, dass mit dem Tod nichts endet, dass dann erst das Hauptsächliche sich ereignet – wenn wir darauf bestehen, verdanke ich Dir die Ewigkeit. Vorläufig nehme ich schöne alte Tassen, Blutwürste, Backensessel an ... Und habe sogar ein gutes Gefühl dabei, das beste! Als sei im Grund dieses ‚Annehmen' die richtigste natürliche Fortsetzung zwischen Mutter und Kind, Eltern und Kindern. Immer sieht es so aus, als schaue der Vater uns dabei zu." Wenn „Ausflug mit der Mutter" nach Hans Wagener „das intimste und gefühlvollste Buch der Wohmann" ist, sollte man einer Passage wie der Folgenden besonderes Gewicht beimessen: *„Das Schöne hier können, ja sollen wir als Hinweise verstehen. In dieser Anschauung, Lichteinfall im Herbstlaub, steckt eine Lehre. Wir können sie jetzt noch kaum verstehen. Unser Gefühl ist die Annäherung. Dieser Gewitterregen, diese Schneegraphik, der gute Einfall dort: zwei wie mit äußerstem Bedacht aufeinander abgestimmte Hügel, und diese Erfindung: eine Baumgruppe vor dem Dunst aus einem Kamin – das alles ist jetzt schön und schwerverständlich. Es wird EINST und DORT, ich habe es dir bestimmt bereits zitiert, die Wahrheit sein. Wir sollten wirklich nicht blind sein gegenüber* *diesen Geheimschriften um uns herum, versteh doch deinen Feldweg als Botschaft, sieh doch im Nebel ein Zeichen, und das Gute wird besser in dir sein, das Schöne wird ernster und schöner. Die Wahrheit dort: hier müssen wir sie ahnen. Die Gegend ist ein Zitat. Unsere Vorahnungen machen uns so verletzbar durch alles Hässliche, Verzankte, Kleinliche, das Böse; es ist jeweils doch ein Erlöschen – sagen wir es doch, fassen wir doch den Mut! – des Göttlichen; es ist das Scheitern des Menschen daran, sein Lebensangebot, seine Erkenntnismöglichkeiten, seine Aufforderung zur Phantasie und zur Hoffnung anzunehmen.“*

Wir lesen hier das Lebens- und Schaffensprogramm der Gabriele Wohmann. Nicht nur im „Schönen Gehege“.

Grund zur Aufregung (1977–1991)

Mit dem nächsten Roman „Frühherbst in Badenweiler“ (1978) nimmt Gabriele Wohmann das Thema von „Schönes Gehege“ in variierter Form wieder auf. Wieder ist der Protagonist männlich: Hubert Frey, Komponist, knapp über vierzig Jahre alt, der sich mit einer waschechten Midlife-Crisis zu einer Besinnungszeit und möglichen Neuorientierung in das Gehege des noblen Park-Hotels in Badenweiler zurückzieht. Was Gabriele Wohmann in einem Interview mit Klaus Siblewski (in: Auskunft für Leser, 1982) über ihre Protagonisten festhält, trifft auf die Helden dieser Schaffensperiode, die gekennzeichnet ist von einer nahezu rauschhaft überbordenden Schreibkraft, im Besonderen zu: „Sie sind natürlich komplizierte, leidende, scheiternde, manches versuchende, schillernde Personen, sie müssen Probleme haben, sie nicht leicht lösen können, sie müssen Fehler machen, sie dürfen nicht spontan und objektiv und bieder sein.“

Das Schreiben am Badenweiler-Roman war für Gabriele eine besonders glückliche Fügung, wie sie mir erzählt. Sie verbrachte tatsächlich wie ihr Held Frey einige Wochen „in diesem wunderbaren Park-Hotel“. Dessen Atmosphäre, der schöne Kurpark und vor allem der Umstand, dass der von ihr so hochgeschätzte russische Autor Anton Tschechow 1904 dort gestorben ist, müssen sie auf besondere Weise beeindruckt haben.

„Es war eine sehr glückliche, besonders herausgehobene angenehme Schreibzeit", erinnert sie sich bei unserem Gespräch. Gabriele begleitete damals, im Herbst 1977, Reiner zu einer Kur. „Morgens während seiner Anwendungen habe ich immer an dem Buch geschrieben."

Dass sie diesmal einen Musiker als Protagonisten wählte, hatte damit zu tun, dass sie nicht wieder einen Schriftsteller zum Romanhelden machen wollte. „Und dann habe ich mir sowieso Gedanken gemacht über das, was in einem Musiker vorgeht, der sich dessen bewusst ist, was die Musikgeschichte alles an Exzellentem und Wunderbarem zu bieten hat – nehmen wir nur Schubert oder wen auch immer – und dann es wagen kann, heute immer noch zu komponieren. Zwar völlig anders eben – er kann nicht mehr komponieren wie Schubert – aber wie will er Gefühle erzeugen durch seine Musik? Und da ist der Hubert an einem Punkt, wo er nicht recht weiter weiß."

Hubert Frey ist also in einer schwierigen Lage, eigentlich trostlos, wenn er sich die Frage stellt: Wie weiter? Zu allem Überfluss gesellt ihm seine Schöpferin Gabriele Wohmann noch ein „tüchtiges Weib" an die Seite, seine Ehefrau Selma, die vor Selbstbewusstsein nur so strotzt, und – da sie sehr erfolgreich im Mediengeschäft tätig ist – ihrem hypochondrischen Mann zusätzlich Minderwertigkeitsgefühle beschert. Gabriele erinnert sich daran, „dass sie den Roman gerne und mit leichter Hand geschrieben" hat in jenen vier Wochen Badenweiler. Und obwohl von existenzieller Langeweile à la Kierkegaard die Rede ist – „*Ich bin in*

Wahrheit befallen von der Krankheit Langeweile. Ich bin somit kein wirklich Lebender mehr.“ – liest sich dieser Roman ausgesprochen spannend und erheiternd, da Gabriele Wohmann wieder mehr als in den beiden Vorgängerromanen ihre Ironie funkeln lässt. Sie bestätigt damit, was ihrem Gewährsmann Tschechow einst für das genaue Beobachten und Schildern von Alltäglichem, von lauter Bagatellen, vorgeworfen worden war – nämlich, dass die stilistische Antwort bei der „Darstellung der brutalen Blödigkeiten von Menschen ... für das Inhumane und Opportunistische im Menschen“ in der Ironie liege.

Einmal mehr beweist sie in diesem Roman ihr schriftstellerisches Können. Dass in die Handlung ein Stück Zeitgeschichte mit einfließt – es handelt sich um den sogenannten „deutschen Herbst“ im September 1977, als der Arbeitgeberpräsident Hanns-Martin Schleyer entführt und ermordet wurde – macht den Roman nicht schon zum politischen, sondern unterstreicht das unvergleichlich elitäre, nämlich eingebildete Leiden des Hubert Frey. Entgegen der Hysterie jener Zeit mit Nachrichtensperre, Rasterfahndung nach Terroristen, Verunglimpfung von „Sympathisanten“ beharrte Gabriele Wohmann auch in diesem Roman auf der Wichtigkeit individueller Krisen und Versäumnisse. Und doch lässt auch Frey keinen Zweifel daran, dass er *„keinerlei Verständnis auf(bringt) für ein Denken, dem der Staat mehr gilt als das Leben eines Individuums.“* Und er meint: *„Ich fühle mich nicht mehr behaglich in diesem Staat. Ich habe einen schlechten Geschmack auf der Zunge bei Begriffen wie Härte, Opfer, Durchgreifen.“* Ein altes Wohmann-Thema.

Die persönliche Schaffenskrise des Hubert Frey wird anders als in Thomas Manns Musikerroman „Doktor Faustus“ nicht durch einen Teufelspakt überwunden. Frey hofft vielmehr durch den erwarteten, ersehnten Zusammenbruch zur Katharsis zu gelangen. Doch der Zusammenbruch erfolgt nicht – und damit auch keine Lösung seiner Probleme. Stattdessen muss er am Ende des Romans erkennen, dass seine Lage ungleich besser ist als die der Maus in seinem Zimmer. *„Fass deinen Entschluss! Der Weg hinaus ist doch offen. Offen genug. Huberts Mausefalle war entsichert. Fang etwas an mit deinem entsetzlich kurzen Leben! Hubert sah die Lage jetzt von außen, kurzfristig distanziert. Er zwang sich zur Sammlung. Er starrte auf die zwei Mitwirkenden dieser Szene. Wer war denn nun hilfloser, aufs Ganze gesehen, die Maus oder Hubert? Doch wohl nicht Hubert, mit seiner außerdem so viel großzügiger bemessenen Bedenkzeit.“*

Diesen Romanschluss beurteilt Schriftstellerkollege Wolfgang Hildesheimer (SPIEGEL, Nr. 41/1978) als „weit mehr als bloß ein Kabinettstück, ein Beispiel schriftstellerischer Kunst“, wie er auch anderen Passagen „schärfste, optimal umgesetzte Beobachtung, besten Wohmann-Stil“ attestiert.

Das Lob des Feuilletons ist Gabriele Wohmann seit geraumer Zeit sicher. Alle ihre Publikationen werden in den großen Zeitungen aufmerksam und detailliert rezensiert. Das Maß ihrer Produktivität ist kaum zu übertreffen.

„Grund zur Aufregung“, Titel von Gabriele Wohmanns zweitem Gedichtband (1978), der diese Schaffensperiode einleitet und im Besonderen kennzeichnet, „passt für mich immer“, sagt sie bei unserer gemeinsamen Überlegung zur Kapitelüberschrift. In den Jahren zwischen 1978 und dem Ende der Achtzigerjahre werden mehr als fünfzig Neuerscheinungen, darunter auch Hörspiele, Fernseh- und Theaterstücke erscheinen. Offensichtlich werden sie vom Lesepublikum hoch geschätzt, das beweisen die zahlreichen Nachdrucke und neu zusammengestellten Sammelbände.

In manchen Jahren dieses Zeitraums erscheinen bis zu zehn neue Bücher von unterschiedlicher Länge – Romane, einzelne Erzählungen in bibliophiler Ausgabe, Erzählungsbände, Gedichtbände. Bei einem derartigen Tempo müssen selbst Rezensenten zu Sammelbesprechungen übergehen. Doch nicht allein Bücher erscheinen von Gabriele Wohmann, es werden von ihr außerdem Hörspiele und Fernsehstücke („Heiratskandidaten“ 1975, „Nachkommenschaften“ 1977, „Paulinchen war allein zu Haus“ 1981) gesendet. 1980 wird ihr erstes Theaterstück „Wanda Lords Gespenster“ in Darmstadt uraufgeführt. Gabriele Wohmann ist sozusagen auf allen Kanälen präsent.

Zwanzig Jahre ist sie jetzt im Geschäft. Anlass für ihren Verlag, den damals literarisch sehr ambitionierten Luchterhand Verlag mit seinen Schriftstellerstars Günter Grass, Peter Härtling, Gabriele Wohmann, Christa Wolf, eine zweibändige Sammlung ihrer Erzählungen herauszubringen.

Es erscheinen nun auch vermehrt Bücher mit Sekundärliteratur, das „Materialienbuch“ (Hg. Thomas Scheuffelen, 1977) sowie wissenschaftliche Untersuchungen wie „Die Rolle des Alltäglichen in der Kurzprosa von Gabriele Wohmann" von Irene Ferchl (1980), die Monografie „Gabriele Wohmann" von Gerhard P. Knapp und Mona Knapp (1981), das Autorenbuch „Gabriele Wohmann" (Günter Häntzschel u. a., 1982), „Auskunft für Leser" (Hg. Klaus Siblewski, 1982), eine weitere Monografie von Hans Wagener in der Reihe „Köpfe des 20. Jahrhunderts" (1986).

Auch die ersten Dissertationen beschäftigen sich mit Gabriele Wohmanns Werk. Klaus Wellner untersucht aus sozialpsychologischer Sicht das „Leiden an der Familie" (1976) im Werk der Autorin. Auch Dirk Pollerberg wendet sich in seinen „Studien zu Gabriele Wohmanns Erzählungen" (Untertitel der Dissertation) den „Formen des Leidens" (1984) zu. Aufsätze in Fachzeitschriften, auch im Ausland, Interviews in Rundfunk und Presse, Fernsehauftritte bei Talkrunden zeugen von der Beliebtheit der Autorin.

Gabriele Wohmann ist voll eingespannt in ihren Beruf. Immer häufiger wird sie in Jurys und Gremien gewählt, die zusätzliche Arbeit bescheren, die sie aber auch liebt. Von 1979 bis 1989 wird sie für zwei Amtsperioden als ordentliches Mitglied des Goethe-Instituts gewählt. Drei Perioden lang (1977–1986) ist sie im Auswahlausschuss Produktionsförderung für Filmförderung beim Bundesministerium des Inneren, sie ist Jurymitglied des Peter-Huchel-Preises, des Adorno-Preises, des Ernst-Robert-Curtius-Preises, des Villa Massimo-Stipendiums und vieler anderer Gremien. 1983 hält sie an der Universität Augsburg ein Semester lang Gastvorlesungen.

Bereits 1980 war sie zum ordentlichen Mitglied der Deutschen Akademie für Sprache und Dichtung in

Darmstadt gewählt worden. Diese Akademie vergibt bekanntlich den wichtigsten und begehrtesten deutschen Literaturpreis, den Büchner-Preis. Dass sie den noch nicht bekommen hat, hält sie für betrüblich und kaum nachvollziehbar. Immer wieder sei sie mal im Gespräch gewesen, weiß Reiner Wohmann zu berichten, aber dann hätten doch Interessen des einen oder anderen Verlages, Vorlieben des einen oder anderen Jurymitglieds wieder und wieder andere bevorzugt.

„Den krieg ich auch nicht mehr, höchstens posthum“, sagt Gabriele mit rauem Lachen. „Büchner war auch nicht drin“ hat sie eine Satire betitelt, in der es um jenen (nicht benannten) Preis geht.

Gleichwohl erhielt Gabriele eine Fülle von Preisen und Ehrungen, gerade in jenen Jahren. 1980 wurde ihr das Bundesverdienstkreuz 1. Klasse verliehen, 1981 bekam sie den Deutschen Schallplattenpreis, 1982 die Johann-Merck-Ehrung der Stadt Darmstadt. 1985 erhielt sie als erste Preisträgerin den neu geschaffenen Mainzer Stadtschreiber-Literaturpreis, der seitdem jährlich vergeben wird und dessen Arbeitsresultat in einem elektronischen Tagebuch, sprich einem Fernsehfilm, zu einem frei gestellten Sujet, besteht. Vergeben wurde und wird der Preis von der Stadt Mainz und dem ZDF, das auch den Film der Preisträger ausstrahlt. In den Jahren seines Bestehens hat er unter den Preisträgern noch andere illustre Namen vorzuweisen (u. a. 1990 Günter Kunert, 1995 Peter Härtling, 2009 Monika Maron).

Anders als die meisten später Ausgezeichneten hatte Gabriele Wohmann schon etliche Fernsehfilme realisiert. Das Arbeitsergebnis des Stadtschreiberpreises wurde unter dem Titel „Unterwegs“ am 17.

November 1985 vom ZDF ausgestrahlt und erschien 1986 gedruckt mit einem zusätzlichen Essay über „Das Aufscheinen der Vergangenheit in der Gegenwart“, in dem Gabriele ihre Gedanken und Gefühle zum Filmtagebuch „Unterwegs“ reflektiert.

„Vielleicht habe ich deshalb noch nicht genug vom Verfilmen und eine Art Heimweh nach diesem Asyl durch Verwandlung und durch das Festhalten der dauernd vergehenden Augenblicke behalten. Es ist schade drum, es ist so jammerschade drum, denke ich, wenn Lebenszeit formlos, vom Gefühl des Zugetanseins unbearbeitet, geistlos und demnach lieblos abläuft. Wenn sie einfach dahinschwindet, ohne Bewusstmachung.“

Diese Anmerkung gilt für ihr gesamtes Werk. Daraus kann man sich auch diesen unentwegten Schaffensdrang erklären. Dass der alles andere als zimperliche Kritiker Marcel Reich-Ranicki in der FAZ vom 5. Mai 1977 nicht nur ihre Kurzprosa lobte, sondern auch ihre Fernsehfilme, hat die Autorin sehr gefreut, wie sie mir erzählt. Reich-Ranicki holt zu geradezu hymnischem Lob aus: „In allem, was sie geschrieben hat, in Kurzgeschichten und Romanen, Hörspielen und Aufsätzen, in Gedichten und sogar in Buchbesprechungen dominiert die nahtlose, die unverkennbare Verbindung von kühler Sachlichkeit und diskreter Herzlichkeit, von spröder Nüchternheit und herber Innigkeit, von Skepsis und Zärtlichkeit.“ Er betont weiter, dass in ihren Fernsehfilmen „die Individualität und Originalität ihrer Autorin ganz und gar ihren künstlerischen Ausdruck findet“, wobei „einige der ironischen Milieuschilderungen in ihrer Genauigkeit kaum zu übertreffen sind“.

Gabriele Wohmann hat in ihrer Arbeit im Medium Fernsehen mit bedeutenden Regisseuren wie Ludwig Cremer, Tom Toelle, Klaus Emmerich, Johannes Schaaf und Schauspielern wie Heinz Bennent, Ernst Wilhelm Borchert, Marianne Hoppe zusammengearbeitet. Wie sie ein derartiges Arbeitspensum habe durchhalten können?, frage ich erstaunt. Geschrieben habe sie immer: selbstverständlich am eigenen Schreibtisch, aber auch im Zug, im Hotel, im Flugzeug, am Strand und überall, „wo es gepasst hat", erzählt sie mir lachend.

Neben den schriftstellerischen Arbeiten kamen auch die privaten Briefe nicht zu kurz. Leserbriefe hat sie grundsätzlich beantwortet, und das waren im Laufe der Jahrzehnte nicht gerade wenige. Auch Familie und Freunde wurden stets mit Postkarten, Mutter und Schwester außerdem mit seitenlangen Briefen von unterwegs versorgt. Umso dringlicher wurde die Überlegung nach einer Entlastung – wenigstens in den geschäftlichen Verbindungen und Erfordernissen. Und so entschieden sich die Wohmanns, Reiner, der bisher schon neben seinem Beruf Gabriele in vielem unterstützt hatte, solle sich dieser Aufgabe ganz widmen.

„Dann habe ich mich aus dem Staatsdienst auf eigenen Wunsch entlassen lassen", erzählt Reiner. Das war zum 31. August 1980, da war er 54 Jahre alt und musste nun ohne Gehalt auskommen, bis er mit 65 Jahren eine kleine Rente bekam. „Ab 1980 war ich selbstständig tätig als Kleinstunternehmer", berichtet er weiter, „als Lektor von Gabriele." Dass Reiner sich genauestens in ihrem Werk auskennt und sich meist viel besser und genauer an Einzelheiten erinnert, ist für mich während unserer gemeinsamen Arbeit an der Biografie immer wieder hilfreich. Denn Gabriele kann sich oft auf meine Nachfrage an Details zu ihren Romanen kaum erinnern. Das käme daher, wie sie erklärt, dass sie aus Romanen nur selten gelesen habe, im Gegensatz zum viel häufigeren Lesen einzelner Erzählungen. Was ihr dagegen immer sofort präsent ist, ist die Stimmung, unter der ein Roman oder auch eine Geschichte entstanden sind.

Bei ihrem nächsten Roman „Ach wie gut, dass niemand weiß" (1980) habe sie zum Beispiel einfach einmal in eine komplett andere Umgebung, in ein anderes Leben eintauchen wollen. Dazu diente ihr als Vorbild das Haus ihrer Schwester und ihres Schwagers. Hier kam Gabriele durch den Beruf des Schwagers als Psychotherapeut C. G. Jungscher Schule mit vielen Psychiatern und Therapeuten unterschiedlicher Schulen und Methoden zusammen und erlebte im Freundes- und Kollegenkreis von Schwester und Schwager oft die lebhaftesten Diskussionen. Diese Kombination von fremdem Rollenspiel und fremder Umgebung regte sie zu dem äußerst spannenden Roman „Ach wie gut, dass niemand weiß" an.

Die Hauptfigur Marlene Ziegler, eine 36-jährige erfolgreiche Therapeutin, verlässt ihre eigene Praxis in Marburg und ihren Partner Herbert, einen Altgermanistikprofessor, für einen noch ungewissen Zeitraum und übernimmt die Praxisvertretung des befreundeten Kollegen Nathan Schaffner in Engstringen bei Zürich. Dass diese Therapeutin selber nicht so ganz gesund ist, muss bei Gabriele Wohmann nicht verwundern. Marlene entspricht mit ihrem Hang zu Unehrlichkeiten, Kleptomanie, Alkohol- und Tablettenkonsum, sexuellen Kontakten zu Patienten eigentlich nicht dem Berufsbild einer Therapeutin. Außerdem ist sie von einer immerwährenden Unruhe getrieben, als sei sie stets auf dem Sprung, vor irgendetwas auf der Flucht.

Nun sind ja die Protagonisten der Gabriele Wohmann häufig auf einer Gratwanderung zwischen Verrücktsein und Normalsein. Als schizophren, als gespalten hat sie ihre Figur Marlene trotz des Titels, der in die Richtung weisen könnte, nicht empfunden, eigentlich mehr wie sich selbst. Also sei sie ja vielleicht auch schizophren, meint sie lachend bei unserem Gespräch. Außerdem ist sie der Meinung, dass ein Therapeut selbst angekränkelt sein müsse, sonst könne er seine Patienten gar nicht verstehen.

Dieser vierhundert Seiten starke Roman liest sich ausgesprochen vergnüglich und unterhaltend. Das Diktum des englischen Romanciers Somerset Maugham „Kein Lesen ist der Mühe wert, wenn es nicht unterhält" erfüllt Gabriele Wohmann voll und ganz. Wie so oft brilliert sie mit raffinierten Beobachtungen, glänzend beschriebenen Details – wie zum Beispiel den wechselnden Ausstellungs-Arrangements in der Apotheke am Seerondell.

„Gegen die unpersönliche moderne Anwendbarkeit des Ladens unternehmen die Mufflons Dekoratives. Für das Wechselgeld stand auf dem Verkaufstresen ein in Rot und Gelb bemalter Keramikteller bereit, der Marlene so privat vorkam, so, als hätten die Mufflons ihn von ihrem Frühstücksgeschirr abgezweigt."

Beim Lesen merkt man, wie ungenau und unbewusst man große Teile seiner Umgebung wahrnimmt. Gabriele Wohmanns Lust am Formulieren gerät zur

Freude beim Lesen. Denn das macht die stumme Korrespondenz zwischen Autor und Leser aus, diese auf beiden Seiten vorhandene Faszination an der in Worte umgesetzten Beobachtung und Fantasie. Und dann gibt es im Roman Kabinettstücke in der Schilderung von Beischlafszenen, in denen Volker Hage in seiner Besprechung (FAZ, 7.10.1980) wahre „Glanzlichter" des Romans erblickt. *„Er wirkte in den Umarmungssituationen wie auf einem Lehrgang ... Er übte eine Art Hobby aus. Es war nicht sein eigenes. Doch von diesem Hobby hatte es sich herumgesprochen, dass es erstklassig war."*

Wenn allerdings in einigen Rezensionen gebetsmühlenartig der Mangel an Handlung, das fehlende Zeitkolorit oder gesellschaftliche Engagement gerügt wird, so ist das auch nicht mehr sehr originell. Gabriele Wohmanns Leser haben sich von solchen Meinungen nicht beeinträchtigen lassen. Auch dieser Roman wird wie sein Vorgänger gut angenommen. Er erscheint in mehreren Verlagen und vielen Taschenbuch-Ausgaben, wird ins Französische übersetzt. Gabriele Wohmann wird vom französischen Verlag nach Paris zu einer Lesung eingeladen.

Obwohl Marlene Ziegler eine etwas exzentrische, zwiegespaltene Persönlichkeit ist, die sich mehr von Entscheidungen anderer treiben lässt als eigene zu treffen, die auch ihren Beruf auf eher unorthodoxe Weise ausübt, der wohl auch deshalb zunehmend die Patienten ausbleiben, bevor sie sich auf eine Vortragsreise in die USA begibt und dem Dilemma entzieht, kann man sich mit ihr identifizieren oder kann ihren Blick auf das Weltgeschehen im Kleinen – nämlich das immer wieder nicht gelingende Zusammenleben von Menschen – verstehen, kann ihr Nicht-Einverstandensein mit den De-facto-Zuständen teilen.

„Diese Wirklichkeit tarnte sich ja nur. Sie war ein gebrechliches und eigentlich unwirklich-künstliches Gebilde, das man ständig selber herstellte, durch das Aufrechterhalten von Gesetzmäßigkeiten und strengen Gewohnheiten, hegend, behütend, ausbessernd. Diese zurechtgemachte Wirklichkeit war hauptsächlich gut dazu, über etwas wahrscheinlich furchtbar Chaotisches hinwegzutäuschen. Von dem künstlichen Flickwerk Wirklichkeit war durchaus zu befürchten, es könne ganz plötzlich zum Verschwinden gebracht werden. Deshalb existierten die ganzen Dichtungen um den Draht Alltag. Marlene versuchte, sich vor der Angst zu drücken, einer Wahnsinnigkeit gelegentlich entschieden näher zu sein als die meisten ihrer Patienten."

Die Identifikation mit den handelnden Personen funktioniert oft „ex negativo", das heißt: Bei ironischer und satirischer Überspitzung der Charaktere kann sich der Leser auf der guten, der besseren Seite fühlen, bei traurigem Inhalt und Ausgang einer Geschichte, eines Romans kann er sich ein glücklicheres Ende erfinden, erträumen. Das ist es, was den immerwährenden Reiz von guter Literatur ausmacht, dass man als Leser keineswegs passiv bleibt, sondern jeder auf seine je eigene Weise die Leerräume füllt und Bilder in seinem Kopf entstehen lassen kann.

In den Erzählbänden „Paarlauf" (1980), „Stolze Zeiten" (1981), „Einsamkeit" (1982), „Der kürzeste Tag des Jahres" (1984), „Der Irrgast" (1985) beweist die Autorin die zu Recht immer wieder hervorgehobene Meisterschaft gerade in diesem Genre. Zwar ist die

Thematik von der früheren nicht verschieden. Doch versteht Gabriele Wohmann es stets aufs Neue, Funken zu schlagen aus der Pflicht und Kür im „Paarlauf" zwischen Mann und Frau, den Motiven von Vergänglichkeit, Verletzlichkeit und „Einsamkeit", aber auch kleinen Glücksmomenten nachzuspüren, mal melancholisch-heiter, mal frech-provokativ, in immer neuen Varianten in Ton und Stil und mit nicht nachlassendem sprachlichem Erfindungsreichtum. Denn – so liest man in dem Band „Meine Lektüre" (1980), einer kleinen Auswahl aus hunderten Buchbesprechungen, die Gabriele Wohmann verfasst hat: *„Ich lasse mich nicht zur Phantasielosigkeit verurteilen. Gegen das Nichts fällt mir immer (das) Etwas ein."*

Und so fügt sie dem scheinbar schon Bekannten in ihrem Figuren- und Konstellationenkosmos oft nur winzige, aber prägnante neue Details hinzu, die der „Choreografie aus glücklicher Langeweile, glücklicher Neugier" (G.W.) eine überraschende Pointe aufsetzen. Und eben davon ist man als Leser fasziniert. Nicht zu vergessen, dass Gabriele Wohmann auch eine mitreißende Vorleserin ihrer Kurzgeschichten und Erzählungen ist. Sie besticht durch Eloquenz und Schlagfertigkeit. Ihre Lesungen sind immer gut besucht. Und wenn im Vortragssaal auch die hinzugestellten Stühle alle besetzt sind, schart man sich auf dem Boden sitzend eng um den Lesetisch. Langeweile kommt jedenfalls nicht auf beim Lesen oder Hören ihrer Geschichten, weil sie durch ihre geistreichen unverbrauchten Wortspielereien und -neuschöpfungen zu fesseln vermögen.

In diesen Jahren erscheinen von Gabriele Wohmann außerdem sechs Gedichtbände. Es ist die Zeit einer gesteigerten Produktion von lyrischen Texten. Erstaunlich, dass auch ihre Gedichte viele Leser finden – die Bände erfahren sogar mehrfache Auflagen –, wo es doch bekannt ist, dass es nur eine verschwindend kleine Anzahl an wirklichen Lyrik-Liebhabern gibt. Der leichtfüßige Parlandoton, die fehlende Metaphorik tragen sicher zur guten Rezeption bei. Auch von der Kritik werden Gabriele Wohmanns Gedichte durchweg lobend aufgenommen. Knapp/Knapp halten die Rezension durch Werner Johannes im Reutlinger General-Anzeiger (15.4.78) für repräsentativ, in der es heißt: „Grund zur Aufregung – ihn gab es nicht nur für die sensibel reagierende und nachsinnend notierende Autorin, ihn gibt's auch für den Leser, der sich (…) immer wieder dabei ertappt, dass er sogleich auch sich selbst hinzufügt, dass er mit der Selbstbefragung beginnt."

In der Tat, Gabriele Wohmanns Nachdenklichkeiten über das Verschwinden schöner Augenblicke in Erinnerungssplittern, der Argwohn gegen die eigene Verwendbarkeit, die Dialektik von Ferne und Nähe, das Wundern über solch schöne Selbstverständlichkeiten wie Kaffeedampf aus den Tassen, das mit dem DU gemeinsam Erlebte, eine Liebesarbeit über den Tod hinaus, über Sehnsüchte nach Geborgenheit und Harmonie und die immer vorhandene Verletzlichkeit und Vergänglichkeit – alles Themen auch ihrer Prosa – stellen für Liebhaber der verknappten Form einen besonderen Reiz dar. Der scheinbar private Charakter der Gedichte betont nur die Wichtigkeit schon kleinster Verschiebungen im Gleichgewicht menschlichen und gesellschaftlichen Zusammenlebens. Gabriele Wohmann macht sich für

Anteilnahme und Gernhaben stark. Das klingt nach Moral – ist es auch, aber bei ihr klingt das leichtfüßig und hat den gewohnten ironischen Biss:

Alle haben wir Umgang mit
Verlorenheit, Angst, mein liebes Gelände
Darauf ich keinen Boden verlieren will
Todeszone, bis dorthin muss es weit genug bleiben
Verzweiflungsgeübt sind wir auch
Und an regelmäßige Arzttermine gewöhnt
Von entscheidenden Sterbedaten geprägt
Mehr brauchen es nicht zu werden, verstanden?
(„Verweile doch“ in „Komm lieber Mai“, 1981).

Auch in ihren Gedichten zieht sich Gabriele Wohmann nicht zurück ins private Kämmerlein, sondern bleibt skeptisch gegenüber allem Großformatigen, der grundlegenden Lösung, beharrt auf dem eigenen Freiraum einer Entscheidung.

TRAUER sagen wie in den altertümlichen
Gedichten ...
Aber jedes Entsetzen
Von einer Außenweltbeobachtung ausgeliehen
Geschenkt, abgeschrieben
Jeder Abscheu konnte nur mich selber meinen,
nur mich
Meine doch wieder ungenügende
Ausdauer im Mitgefühl
Im Gernhaben
Keine Träne, aber jede ersehnte Träne
Für meine Ausfälle in der ernsthaften,
unerbittlichen Umweltfreundlichkeit.“
(UMWELTFREUNDLICHKEIT in „Ich weiß das auch nicht besser“, (1980).

Alexander von Bormann hält in seiner Besprechung des Gedichtbandes „Grund zur Aufregung“ jedenfalls fest: „Es sind Gedichte zum Immer-wieder-Lesen“ (Frankfurter Rundschau, 28.7.1979).

Grund zur Aufregung findet eine sensible Autorin wie Gabriele Wohmann folglich an jeder Straßenecke und zuvorderst bei sich selbst, wie sie immer wieder bekundet, so in dem Interview mit Klaus Siblewski: „Wahrscheinlich ist die innere Rebellion der einfachste, der sicherste Treibstoff, wie Unglück, Aufregung usw. Behaglichkeit löst nichts aus. Einverständnis erst recht nicht“ (Auskunft für Leser, 1982). Und so folgen auch alle ihre Protagonisten, ihre Alter egos, einer Richtung: *„Das Unerwartete zu tun, lautete das alte Gebot. Gegen den Strom zu schwimmen. Es war die einzige Richtung, die jemandem wie Marlene lag.“* Und diese Stoßrichtung des Widerständigen oder Aufgeregten – *„Sie* (Marlene, I.S.) *blieb die Wachste, sie blieb aufgeregt.“* – bewirkt bei aller Unterhaltsamkeit und Plastizität der Figuren und Szenerien immer wieder unvermutet aufblitzende Epiphanien einer zusätzlichen Dimension. Sätze wie *„Vielleicht ist das hier bereits Ewiges Leben.“* – *„Marlene nutzte es, dieses für den normalen Gebrauch zu komplizierte, gleichwohl ganz unentbehrliche Transzendente so gegenständlich wie nur möglich zu nehmen.“* Oder Einsprengsel wie *„den Nutzen des Unnützen“* oder *„DIE LANGEWEILE ALS INTELLIGENTE ANTWORT AUF DIE ANGEBOTE DER VERFÜGBAREN WELT“* – das ist unverwechselbare Wohmann-Diktion. *„Die größte Gabe war gewiß doch die, etwas selbst zu erzeugen, so etwas wie Glauben. Das wichtigste Tun des Denkens war, mit der*

Phantasie eine Gegenwelt herzustellen. Sinn zu erfinden", denkt Marlene Ziegler. Und natürlich kann es überhaupt nicht verwundern, dass die Geschichte des weiblichen Rumpelstilzchens endet mit den Worten „Weiter, weiter." Alles ist ungeklärt, alles bleibt offen. Das Spiel kann weitergehen. Und das geht es schon sehr schnell in dem kurz darauf folgenden Roman „Das Glücksspiel" (1981).

Protagonistin ist die 28-jährige Klavierlehrerin Lilly Siemer, die – von ihrem Mann Theo verlassen, der *„mit Ingrid Klein hinter die Geheimnisse einer wahren Passion"* zu kommen versucht – mit zwei Männern zurückbleibt, die sie nur ausnutzen und die ihr ohnehin schwaches Selbstbewusstsein durch ihr machohaftes Verhalten vollends zerstören, was letzten Endes in der Katastrophe endet. Anders als in den beiden Vorgängerromanen, in denen die Protagonisten mit dem Zusammenbruch eigentlich nur kokettieren, ereilt Lilly Siemer dieser tatsächlich am Ende des Romans in Form eines Wahnsinns, aus dem auszutreten sie keine Chance mehr erblickt, obwohl sie sich während des Romangeschehens redlich bemüht, ihren beiden Peinigern, dem unreifselbstsüchtigen Stiefsohn Arthur und einem Onkel Oswald, der ihr von ihrer Freundin Claudia Grübler aufgehalst wurde, weil die keine Lust hatte, sich um so einen ausschließlich lästigen Mann zu kümmern, durch Schaffung persönlicher Freiräume zu entkommen: *„Aber ich werde es schon noch lernen, mir irgendsowas wie KOSTBARE MINUTEN zu verschaffen."* Das allerdings gelingt ihr nicht, sie lässt sich im Gegenteil immer mehr ausbeuten, auch von der emanzipierten Freundin Claudia, die sie mit ihren scheinbar so gut gemeinten Ratschlägen genauso bevormundet wie die Männer in ihrem Haushalt. Im „Glücksspiel“ um ihre eigene Freiheit – *„Ich brauchte eigentlich wirklich doch pro Tag eine genau abgegrenzte Zeit, in der ich völlige Ruhe hätte zum Klavierspielen“* – gerät Lilly immer mehr ins Hintertreffen, bis sich auf eine Zurückweisung Arthurs mit den schroffen Worten „Hau ab“ die in ihr angestauten Aggressionen entladen und es von der „Implosion zur Explosion“ kommt. Lilly schlägt mit einer Konservendose auf Arthur ein, stellvertretend *„gegen eine der unzähligen Unordentlichkeiten auf dieser Welt. Auf einen Mißstand ohnegleichen, auf eine dieser tief gefallenen Maschen im Netzwerk der menschlichen Zusammenhänge ging die Dose hernieder, wahrheitsverzweiflungsvoll, und Arthurs Nacken war nur das Einzige, das zur Verfügung stand“*.

Als psychisch Verwirrte wird Lilly, die glaubt, einen Mord begangen zu haben, in eine fortschrittliche und offene psychiatrische Klinik verlegt. (Es war damals die Zeit der sogenannten Antipsychiatrie, was sich übrigens auch in der positiven – oder jedenfalls nicht negativen – Bewertung des Marihuanakonsums im Roman zeigt.) Claudia Grübler hatte Doktor Feldmann, einen Vertreter der Latzhosen-Fraktion der Free Clinic, zu Hilfe gerufen. Wieder fühlt sich Lilly zum Objekt degradiert. *„Durch Claudias Anbietergeste fühlte Lilly sich wie ein Warenangebot: Und eines, das auf Gnade angewiesen war. Wie stand es mit dem Ladenpreis? Bin ich herabgesetzt? Eine Okkasion?“*

Es ist ein Kammerspiel, das sich da vor dem inneren Auge des Lesers abspielt, in eng umgrenztem

Spielfeld mit überschaubarem Personal. Und doch geht es – wie bei Gabriele Wohmann eigentlich immer – um die Bedingungen der menschlichen Existenz. Baby und Greisin, die eine wichtige Rolle hierin spielen, stehen für Anfang und Ende dieses und eines jeden Lebensspiels. *„Lauter Hamsterräderchen da draußen in der Welt. Es mußte sich alles drehen und drehen, emsig und voller Moral."* – *„Und jedes Mal beeindruckte es sie, wie souverän die Greisin die viel jüngere Besucherin in die uralt-ewige unabänderliche Gemeinschaft der Sterbenden aufnahm."*

Straffer als sein Vorgänger schildert der Roman „Das Glücksspiel" die psychischen Konsequenzen von Ich-Schwäche und innerer Zerrissenheit, auch von Bindungsangst und dem (hier vergeblichen) Bemühen um Selbstbestimmung. Lilly Siemers langsames Abdriften in den Wahnsinn wird von Gabriele Wohmann wie in einem Psychokrimi geschildert. Tatsächlich erzählt sie mir, dass sie mit diesem Roman einen Thriller habe schreiben wollen nach Art der Patricia Highsmith, ihr das wohl aber nicht richtig gelungen sei. Es kommt auch nicht zu einem Mord, sondern bleibt bei Mordanschlägen. „Ein Mord war mir nicht glaubwürdig genug", sagt Gabriele. „Ein richtiger Thriller ist doch nicht meine Sache."

Gleichwohl spricht Karl Krolow in seiner Besprechung von einem „Kriminalspiel" und sogar von einer „Parodie auf den Kriminalreißer" (Mannheimer Morgen, 11.8.1981). Denn obwohl Gabriele den Roman traurig findet, gibt es genug Episoden, über die sich der Leser amüsieren kann. Der psychologische Scharfsinn der Autorin bietet Spielraum für vielerlei Lesarten, nicht nur in diesem Roman, in dem die

Protagonistin sozusagen ihre „Winterreise" – ein von Gabriele Wohmann besonders geliebtes Schubertmusikstück – antritt. Schneeschippend wird Lilly mitten auf einer Straße von Polizisten aufgegriffen, nachdem sie endlich ihr Vorhaben, das Vertonen von Mörikes Gedicht „DENK ES, O SEELE", ausgeführt hatte. *„Sie erfand die Tonkombination für die Zeile: ‚Ein Rosenstrauch, wer sagt / In welchem Garten? Sie sind erlesen schon, / denk es, o Seele, / Auf deinem Grab zu wurzeln'... Mein Grab, summte Lilly. Das Leben, sogar auch ihres, quoll ja nur so über von Sinn, wenn man es vom Tod her betrachtete. Daß ich sterbe, daß ich so wichtig bin, das klärt alles auf. Daß es eine Musik dazu gibt, und Verse. Unglaublich."*

Wieso Gabriele Wohmann immer wieder mit ihren Figuren verwechselt wurde, ist schwer nachzuvollziehen. Denn anders als manche Literatur von Frauen in den Siebziger- und Achtzigerjahren des 20. Jahrhunderts, die unter „Neue Innerlichkeit" oder „Neue Subjektivität" ihre höchst persönlich-weiblichen Erfahrungen und Seelenergüsse reproduzierten, fühlte sich Gabriele Wohmann nie diesen Richtungen, auch nicht den kämpferischen Versionen von Feminismus und Emanzipation, zugehörig. Die Verlage allerdings sprangen auf den verkaufsträchtigen Trend mit eigenen Frauenreihen: „Das Jahrhundert der Frau" (Suhrkamp), „neue frau" (rororo), „Die Frau in der Gesellschaft" (Fischer Taschenbuch). Gabriele Wohmann hingegen bewege sich „zwischen den Fronten", schreibt Mona Knapp 1980 in einem Essay über Gabriele Wohmanns Frauengestalten und analysiert, „dass dieses Werk auf dem größeren Feld literarischer Texte weiblicher Autoren für sich steht". Dass nur schreibende Frauen (niemals Männer) unter „Biografieverdacht" fielen, hat Gabriele Wohmann in einem Gespräch mit Klaus Siblewski festgestellt. Anlässlich der Frühjahrstagung der Berliner Akademie der Künste 1980 nahm sie sich ebenfalls des Themas an – „Autobiographie als Material". Jegliches Material, so führte sie aus, „muß jeweils überpersönlich werden. Und unabweislich gerate ich beim Schreiben von mir selber weg (...) Die Wirklichkeit muß ihre Belanglosigkeit verlieren, ihre Verwechselbarkeit, Austauschbarkeit."

Gabriele Wohmanns Texte sind in der Tat überpersönlich und oft auch scheinbar zeitlos, fernab jeden Trends, jeder Ideologie. Daraus, folgert Mona Knapp, erkläre sich „die große Breitenwirkung dieses Werks". Zu einem vergleichbaren Fazit kommt Günter Häntzschel bei der Frage, wie die Faszination an Gabriele Wohmanns Werk zu erklären sei. Er findet, dass das oft gescholtene Private bei ihr eben nicht „nur subjektiv ist und damit auf die eigene Person bezogen bleibt oder gar um die Autorin selber kreist, sondern daß es dieser gelingt, im Privaten etwas Intersubjektives darzustellen, Themen und Konstellationen, die von verschiedenen Personen nachvollziehbar, für viele Individuen verbindlich und vielen gemeinsam sind".

Auf jeden Fall kann man bei Gabriele Wohmann nicht von einer spezifisch weiblichen Schreibweise sprechen, sie hält eine solche Unterscheidung zwischen weiblichem und männlichem Schreiben schlicht für „exotisch" und entspricht in dieser Auffassung der Ansicht Virginia Woolfs: „It is fatal for any one who writes to think of their sex."

Gabriele Wohmanns ironische Überzeichnung eines ideologischen, selbstgefälligen, falsch verstandenen Feminismus, zum Beispiel in den Figuren der Christa aus „Paulinchen", der Selma in „Frühherbst", der Claudia in „Das Glücksspiel", zeigt, was sie vom Begriff Feminismus hält, nämlich nicht viel oder sogar gar nichts, obwohl sie sich selbstverständlich mit den unterdrückten Frauen solidarisiert: *„Wir dürfen Männern nicht erlauben, dass sie wie Machthaber, wie Dienstherren mit uns umgehen"*, heißt es in „Ach wie gut, dass niemand weiß".

In der Literaturwissenschaft wurde in den Achtzigerjahren dennoch eifrig über eine sogenannte „Frauenliteratur" nachgedacht und Gabriele Wohmann an die Seite von Autorinnen wie Ingeborg Bachmann, Christa Reinig, Christa Wolf, Karin Struck, Gertrud Leutenegger und Brigitte Schwaiger gestellt, so in der wissenschaftlichen Untersuchung von Manfred Jurgensen „Deutsche Frauenautoren der Gegenwart" (1983). Gabriele Wohmann selbst äußert sich in diesem Werk sehr direkt: „Speziell zum Frauenthema fällt mir nichts ein. Aus der Masse meiner Bücher geht das hervor ... Ich fing halt in weit zurückliegenden vorfeministischen Zeiten zu schreiben an" (Brief an M. Jurgensen vom 27. Mai 1981). Was ja aber keineswegs bedeutet, dass sie nicht immer wieder gerade auch das Leiden von Frauen in unerfüllten Beziehungen, in Abhängigkeiten und Unterdrückungen zum Thema ihres Schreibens macht, und zwar tatsächlich bereits lange bevor Alice Schwarzers Buch „Der kleine Unterschied und seine großen Folgen" (1975) in

Deutschland die Feminismusdebatte in Gang setzte. Jurgensen konstatiert in seinen Untersuchungen: „Man wird Gabriele Wohmann schwerlich zur feministischen Autorin verfälschen wollen oder können. Ihre Äußerungen zur Stellung der Frau sind vereinzelt und über ihre ganze Prosa verstreut. Gabriele Wohmann weigert sich (zu ihrem schriftstellerischen Vorteil) systematisch durchgehaltene ideologische Zwänge in ihr literarisches Werk aufzunehmen. Umso treffsicherer erweisen sich ihre gelegentlichen Beobachtungen, Reflexionen und Kritiken."

Gabriele Wohmann war, obwohl das von den meisten Kritikern, insbesondere den weiblichen, nicht so gesehen wurde, gerade mit ihren Darstellungen aus dem privaten Elend patriarchaler Unterdrückungsmechanismen, eine wichtige Verfechterin von feministischen Zielen. Schließlich lautete eine der Parolen der Proteste in den Siebzigerjahren: „Das Private ist politisch." Dazu passt auch die Analyse Klaus Wellners: „Mit der erlebnisperspektivischen Vermittlung jener Wirklichkeitsbereiche und Handlungsräume wird es möglich, das falsche – neurotische – Bewusstsein der erlebenden und meist auch erzählenden Figuren und damit auch *das Funktionieren der Systeme zu entlarven*" (Hervorhebung I.S.).

Eine Einordnung in den feministischen Kontext war in der amerikanischen Literaturwissenschaft schon ab den siebziger Jahren gegeben. Für den deutschsprachigen Raum erfolgte eine feministisch-theoretische Analyse erst rund dreißig Jahre später durch die brasilinische Forscherin Rosvitha Friesen-Blume: „Ein *anderer* Blick auf den *bösen* Blick" (2007).

Im Übrigen hat Gabriele Wohmann immer wieder betont, dass sie die Frauenemanzipation für enorm wichtig halte – „Man kann nicht rebellisch genug sein gegen bestehendes Unrecht" – , sie selbst sich innerhalb von Gruppen aber nicht richtig wohl fühle. So ist sie 1983 aus dem Schriftstellerverband VS ausgetreten. „Ich habe mich fehl am Platze gefühlt", erzählt sie mir. Später – 1988 – ist sie dann auch aus dem P.E.N. ausgetreten, weil er für ihren Geschmack nicht mehr so anspruchsvoll wie in ihren Anfängen gewesen sei. Sie war, und ist bis heute, eine eingefleischte Individualistin.

Rebellisch ist Gabriele Wohmann geblieben, obwohl sie sich nie als „Gewissen der Nation" verstehen wollte. „Grund zur Aufregung" fand sie im Jahr 1986, als sich die Reaktorkatastrophe von Tschernobyl ereignete, im besonderen Maße. Dieses Ereignis bestimmte ihren neuen Roman „Der Flötenton", der mit einer Vielzahl an Personen quer durch drei Generationen, an wechselnden Orten und aus wechselnder Perspektive ein Panorama bundesdeutscher Befindlichkeit in Zeiten einer real gewordenen atomaren Bedrohung entfaltet, die sich heute (im März 2011) mit der neuerlichen Bedrohung durch die Reaktorkatastrophe von Fukushima geradezu prophetisch liest.

Auf knapp fünfhundert Seiten entwickelt Gabriele Wohmann einen opulenten Gesellschaftsroman, der neben der realen Angst vor den Folgen des GAU die metaphysische Angst für wichtig erachtet. Den emeritierten Theologieprofessor Hinholz treiben jedenfalls solche Gedanken um: *„Die Furcht vor Engpässen in seinen Eßgewohnheiten und vor womöglich eines* *baldigen Tages mit Isotopengrundwasser gepantschtem SPA-Wasser: Diese Kleinkram-Lebensverbohrtheit, diese Erdenmenschenfurcht, die erniedrigte ihn. Was war passiert mit seinem Gottesglauben. Warum mußte er, was das betraf, immer wieder seine Gedanken neu ordnen, bis hin etwa zu dieser Erkenntnis: Die Absurdität der menschlichen Existenz und ihres Trachtens wurde ja durch einen Fall-out wie diesen in der Ukraine lediglich aufgedeckt.*"

Die Geschichte einer Ferienliebschaft zwischen der 33-jährigen Flötistin Sandra Hinholz und dem zwanzig Jahre älteren Anton Asper, die es beide beruflich nach Portugal verschlägt, die netten Schrullen der älteren Damen Frau Asper und ihrer Schwester, ein an Alzheimer leidender Herr Kast, der partout der Hauptsache seines früheren Lebens nicht auf den Grund kommt, die unbekümmerte Enkelgeneration in Gestalt von Alex und Sibylle, die in einen Wahn abdriftende Emily, Anton Aspers Schwester, und noch viele andere Personen sind bis ins Detail genau beobachtet und beschrieben. Trotz der deprimierenden Thematik – in der es um Halbwertzeiten nicht nur der sogenannten friedlichen Atomnutzung, sondern auch individueller Lebensentwürfe geht – lässt Gabriele Wohmann den Humor nicht zu kurz kommen, so dass sich der Roman nicht nur spannend, sondern „geradezu unterhaltungsschriftstellermäßig" (G.W.) liest.

Erkenntnisse über das Lieben und das Leben, das Altwerden und das Sterben, Glück und Leiden und einem Sinn in allem, das entfaltet Gabriele Wohmann in großer Leichtigkeit. Ihre Gesellschaftskritik kommt nicht mit erhobenem Zeigefinger daher, sondern in der genauen Wiedergabe, aber in künstlerischer „Verpackung“, was nicht weniger wirksam sein muss als politische Agitation. Und so taucht in den diversen Gesprächen ein Jargon auf, der einem nur allzu vertraut ist, *„es habe aber zu keiner Zeit Gefahr für die Bevölkerung bestanden“* – *„die Republik durfte auf keinen Fall in die Steinzeit zurückfallen“* – *„was sie uns jetzt nicht alles nachliefern, die Herren Nuklearwissenschaftler. Auf nichts waren sie vorbereitet“*. Und auf die Überlegung, wie es möglich sei weiterzumachen, als sei nichts gewesen, weiterzuplanen „umzingelt von Reaktoren“, werden die Besorgten und Apokalyptiker beruhigt mit Phrasen wie: *„Unsere deutschen Kernkraftwerke sind die sichersten der Welt. Und für den Fall, daß ein Störfall sich tatsächlich ereignet, würde bei uns alles wie am Schnürchen klappen, Evakuierung, zack zack, haben wir voll im Griff.“*

Mit dem Thema des Reaktorunfalls in Tschernobyl beschäftigte sich damals ein zweiter Roman: „Störfall. Nachrichten eines Tages“ von Christa Wolf, ebenfalls 1987 und im selben Verlag (Luchterhand) erschienen. Das blieben meines Wissens die beiden einzigen literarischen Reflexionen auf dieses apokalyptische Ereignis. Christa Wolfs Überlegungen spiegelt ein namenloses Erzählerin-Ich, während Gabriele Wohmann vielperspektivisch an das Thema herangeht. Dass Christa Wolfs Erzählung (eine Gattungsbezeichnung fehlt) aktuell mehr rezipiert wird, mag an dem eindeutigen Titel liegen. Vielleicht aber auch daran, dass bei Gabriele Wohmann stets ein Bezug zu dem als Geschenk verstandenen Glauben vorhanden ist. Kierkegaard mit seinem „Sprung in den Glauben“ steht hierin Pate. Ein Befund, der dem deutschen Feuilleton offenbar Schwierigkeiten bereitet. Dabei entschlüsselt sich Gabriele Wohmanns Sicht auf ein menschen- und umweltzerstörerisches Ereignis wie das Reaktorunglück von Tschernobyl (das übrigens bei Christa Wolf namentlich nicht benannt wird) gerade erst auf dieser existenziellen, d. h. bei ihr religiös grundierten Überzeugung.

In der internationalen Zeitschrift für Sprache und Literatur „Neophilologus“ hat Hildegard Fritsch von der Kent State University, Ohio/USA, einen Aufsatz veröffentlicht, der diesen Aspekt berücksichtigt (Spielarten der Angst in Gabriele Wohmanns *Der Flötenton*, 1990) und auch einen Bezug herstellt zu Heideggers Existenzialphilosophie („Worum sich die Angst ängstet, ist das In-der-Welt-sein selbst“). In Gabriele Wohmanns Roman liest es sich so: „*Den Mut, eine Wahl zu treffen. Ein Geschenk anzunehmen. Das Geschenk mit dem Namen GLAUBEN. (...) Er wählte die geistige Richtung. Ziel: Annahmestelle für das Geschenk. Gott. Glauben. (...)Lass Gott aus dem Spiel. Die ukrainische Katastrophe ist nach allen ihren Entstehungsursachen und auf Grund ihrer Prämissen zu verstehen.*“ Und so sind wohl nicht nur die Zuhörer bei einem Vortrag Anton Aspers nervös, wenn er vom vorgesehenen Thema abweicht und räsoniert: „*Wir alle sehen nur noch darauf, wie wir minutenweise vorankommen. Wir versuchen, uns das Pulverfaß, auf dem wir leben, wohnlich zu machen, wie die einfachste unter allen Kreaturen, und möglichst egoistisch. Haben Sie auch bemerkt, dass Tschernobyl weitgehend vergessen ist? Daß sich die Sorgen der Umweltverantwortlichen darauf be-*

schränken, für kommende Katastrophen einen besser funktionierenden Informationsdienst zu verabreden? Und wie flott, wie angepaßt hört es sich an, wenn Nachrichtensprecher gut aufgelegt mitteilen: Der Reaktor X geht ans Netz? Gibt es nicht eine neue Sprache des Unmenschen, unter Mitverwendung der alten Sprache des Unmenschen?"

Gabriele Wohmanns Roman ist in der Tat ein Meisterstück, das aufzeigt, wie die Betroffenheit über den atomaren GAU einer wesentlich kürzeren Halbwertzeit unterliegt als die strahlenden Reaktorelemente. Menschliches Miteinander könnte nur gelingen, wenn die Menschen ihr Tun und Denken von einer höheren Sicht aus beurteilten. Angst vor dem Tod, worum es bei Gabriele Wohmann doch immer wieder geht. „*Man würde ja nicht so ungern sterben, wenn man das Geschenk ein für allemal angenommen hätte.*" Solche und andere Gedanken tauchen auf und verschwinden wie der titelgebende Flötenton.

Gabriele Wohmann ist nun Mitte fünfzig – und fühlt sich überhaupt nicht so. So klug und gescheit sie ist, so bleibt sie im Herzen das Kind, das sich nach Geborgenheit und Harmonie sehnt und darum weiter alles, was nicht stimmt um sie herum, grantig-bissig registriert und kommentiert. Auch ihrer Heimatstadt Darmstadt mag sie kein ungetrübtes Lob- und Liebeslied singen. Manchmal kommt sie sich anachronistisch vor, weil sie noch am Geburtsort wohnt. Viel ist sie weiterhin auf Reisen, Lesereisen, aber sie kehrt gerne zurück, denn „es ist nun mal meine Zentrale, von der aus ich weiß, wie es meinen Lebensmenschen geht", berichtet sie beispielsweise in dem ZDF-Film

„Unterwegs gehöre ich nach Haus“ (1986). Und wenn ihr auch vieles nicht gefällt an Darmstadt, so tröstet sie sich mit Goethe: „Da, wo wir lieben, ist Vaterland.“

Im Herbst 1989 sind die Wohmanns auf Grundstücks- beziehungsweise Haussuche. Im Park Rosenhöhe, im Atelierhaus, fühlen sie sich immer weniger wohl, nicht nur weil es seit ihrem Einzug immer unruhiger dort geworden ist, sondern auch, weil sich am Haus bauliche Unzulänglichkeiten bemerkbar machen. Gabriele erinnert sich an die räumliche Enge als Hauptgrund ihres Fortstrebens, und Reiner ergänzt: „Es gab keinen Keller, der Rasenmäher stand in meinem Schlafzimmer. Von Anfang an wurde uns der Bau von Garagen versprochen, aber nie kam es dazu.“

Aber Darmstadt soll es doch bleiben, weil Gabrieles betagte Mutter im nahen Seeheim wohnt und deren beide Schwestern in Heppenheim an der Bergstraße. Bei ihnen verbringt die Mutter die Wochenenden. Gabrieles Gewohnheiten bleiben sich gleich: Zweimal am Tag Telefonat mit der Mutter, von Lesereisen Karten und Briefe an ihre Lieben und immer weiter: „Schreiben müssen“, wie ein „Arbeitstagebuch“ heißt, das im Februar 1990 vom ZDF ausgestrahlt wird.

1988 erhielt Gabriele Wohmann den Hessischen Kulturpreis, der seit 1982 jährlich für besondere Leistungen in Kunst, Wissenschaft und Kulturvermittlung vergeben wird. Er war und ist neben dem Renommee auch wegen der Höhe seines Preisgeldes beliebt. Gabriele erinnert sich gerne an den Festakt im herrlichen Barockschloss Wiesbaden-Biebrich mit seinen ausgedehnten Parkanlagen direkt am Rhein.

Der damalige Ministerpräsident Walter Wallmannn hielt eine Ansprache und Karl Krolow die Laudatio. Im selben Jahr wurde sie ausgewählt, die Delegation um Bundeskanzler Helmut Kohl auf der großen Staatsreise nach Indochina und Neuseeland als eine der zwei Kultur-Vertreter (neben dem Künstler Otto Herbert Hajek) zu begleiten. Das kulturelle Programm wurde vom Goethe-Institut und den jeweiligen deutschen Botschaften organisiert. In Jakarta hielt Gabriele eine Lesung. Die für Neuseeland (in Wellington) geplante fiel aus: Bundeskanzler Kohl brach die Reise vorzeitig ab, weil Franz-Josef Strauß gestorben war.

Und dann gab es im November 1989 noch das umwälzende Ereignis des Mauerfalls. Euphorisch war Gabriele damals nicht. Allerdings war sie froh darüber, dass das System der Unfreiheit und Bespitzelung in der DDR ein Ende fand. Nicht nur Günter Grass beurteilte die möglichen Folgen einer Wiedervereinigung skeptisch. Auch Gabriele Wohmann betrachtete die Entwicklung mit gemischten Gefühlen, wie sie mir sagt. Obwohl sie gute Kontakte zum ostdeutschen Aufbau Verlag hatte, der viele ihrer Romane verlegte, und sie in der ehemaligen DDR auch Lesungen hatte, zum Beispiel im Berliner Palast der Republik, hätte sie selbst in dieser Unfreiheit nicht leben können und wäre wie zum Beispiel die Schriftstellerkollegen Günter Kunert, Reiner Kunze, Sarah Kirsch weggegangen. In ihren neuen Kurzgeschichten behandelt sie nun auch deutsch-deutsche Befindlichkeiten beim Prozess des Zusammenwachsens, wie gewohnt lebensnah in all den individuell-geschichtlichen Verquickungen.

Der Band „Er saß in dem Bus, der seine Frau überfuhr“ (1991) ist die letzte Neuerscheinung im Luchterhand Verlag. 1986 hatte Luchterhand noch eine dreibändige Ausgabe „Gesammelte Erzählungen aus dreißig Jahren“ herausgebracht. Doch seit 1987 gab es Querelen und Auflösungserscheinungen. Der Verlag wurde ohne Abstimmung mit seinen Autoren mehrfach verkauft. „Das Ende bei Luchterhand nach dem Weggang von Dr. Hans Altenhein und außerdem die neue Verlagsleitung durch die Damen Raabe und Vitali waren chaotisch“, erzählt mir Gabriele. „Aber meinen Lektor Klaus Siblewski habe ich ungern verlassen.“

1991 war für Gabriele Wohmann eine lange Zeit guter Zusammenarbeit ans Ende gekommen. Günter Grass wechselte damals zu Steidl, Peter Härtling zu Kiepenheuer & Witsch. Gabriele Wohmann wird ab 1992 Piper-Autorin. „Es gab damals mehrere Interessenten, aber Ernst Piper hat sich als Erster gemeldet“, erzählt sie mir.

Gabriele begeht in diesem Jahr ihren 60. Geburtstag – Grund zur Aufregung. Denn, so erzählt sie mir zehn Jahre später: „Schon sechzig wurde ich sehr ungern!“

Bitte nicht sterben (1992–2012)

Das Jahr 1992, das Jahr ihres sechzigsten Geburtstages, brachte für Gabriele Wohmann eine Reihe von wichtigen Ereignissen. Weniger der Geburtstag als solcher wurde gefeiert, „da fand überhaupt nichts statt, weder vom Verlag, noch von der Stadt Darmstadt", erzählt sie. „Aber Post vom Bundespräsidenten von Weizsäcker und vom hessischen Ministerpräsidenten Hans Eichel kam natürlich schon." Und sie erhielt den Konrad-Adenauer-Preis für Literatur, der ihr im Herkulessaal der Münchner Residenz verliehen wurde.

„Der Saal war voll mit Hunderten von Menschen", erwähnt Reiner, und Gabriele ergänzt die Erinnerungen: „Bundeskanzler Kohl war da, und Professor Wolfgang Bergsdorf hielt die Laudatio. Ich selbst habe mir einen Text ausgedacht über Adenauer, bei dem er aus dem Himmel seinen Nachfolger Kohl betrachtet." Dass dieser Text beim Publikum für Amüsement gesorgt hat, darf man sich getrost vorstellen.

Im November dieses Jahres war es endlich so weit: Gabriele und Reiner konnten in ihr neues Haus einziehen.

„Das Suchen hat auch Spaß gemacht. Irgendwie war es reizvoll", erzählt Gabriele. „Ein passendes Haus haben wir nicht gefunden, aber durch Zufall entdeckten wir, dass ein Grundstück – direkt an der Rosenhöhe gelegen – zum Verkauf stand. Das waren allerdings noch Zeiten, in denen besser verdient wurde. Später hätten wir uns das nicht mehr leisten können."

Auf das Hanggrundstück ließen sich die Wohmanns in kürzester Bauzeit ein Haus aus Fertigteilen bauen – aber, wie Gabriele betont, „nach architektonischen Maßgaben von Reiner und daher ganz individuell". Sie hätten sich vom ersten Tag an darin wohlgefühlt und diesen Schritt nie bereut. Nun hatten auch endlich die vielen wunderschönen Möbel und die vielen, vielen Bücher angemessen Platz, und es gab einen ordentlichen Keller und eine Garage fürs Auto. Mit seinem roten Anstrich bietet das Haus einen hübschen Kontrast zu den hohen Parkbäumen, die übers Dach reichen. Vor Gabrieles Arbeitsraum im Souterrain wachsen Bodendecker scheinbar ins Fenster hinein. Und seitlich des Gartenweges vom Tor zum Hauseingang steht freundlich und etwas anachronistisch ein kleines rot-weißes Wachhaus, echt gräflich und ihr einfach zum Geschenk gemacht, wie sie mir bei meinem ersten Besuch verraten hat, „weil ich stets so begehrlich auf Dinge gucken kann, die mir gefallen". So sei es auch mit dem Stoffschwein gewesen, das sich im Wohnzimmer unter dem Flügel auf einem Orientteppich rekelt. „Ein Theaterschwein", antwortet Gabriele mir auf meinen fragenden Blick – also keine Kinderreminiszenz, wie sie zuhauf im Hause verteilt sind.

Im Piper Verlag, in den Gabriele Wohmann 1992 zurückkehrte, war 1960 ihre erste Sammlung mit Erzählungen „Sieg über die Dämmerung" erschienen. Nun veröffentlichte sie wieder einen Erzählungsband. Der Titel lautete: „Das Salz bitte! Ehegeschichten“. Einen fulminanteren Neustart hätten Verlag und Autorin sich kaum wünschen können. Gabriele Wohmann brillierte aufs Neue in dem Genre, das ihr Ureigenstes ist, der Kurzgeschichte beziehungsweise der Erzählung. Siebenundzwanzig grotesk-komische Ehe- oder Paargeschichten zeigen Wirklichkeiten auf, prallvoll mit Verwicklungen, Eitelkeiten und Eifersüchteleien, zum Lachen und zum Weinen, wie nur Gabriele Wohmann es vermag. Drei Auflagen als Hardcoverausgabe gab es noch 1992, sieben Taschenbuchauflagen in den folgenden Jahren (1994–1999). Auch die Hörkassetten als Autorenlesungen erlebten mehrere Auflagen. Dieser Erzählungsband ist wie die folgenden Bücher bei Piper mit einem Titelbild des amerikanischen Malers Edward Hopper (1892–1967) ausgestattet, ein ihren Geschichten von Einsamkeit und Non-Kommunikation kongenialer Maler, den die Autorin auch selbst sehr schätzt.

Benoît Pivert, französischer Literaturwissenschaftler an der Universität Paris, der sich intensiv mit Gabriele Wohmanns Werk auseinandergesetzt hat, lieferte 1999 eine achthundertseitige Dissertation über sie ab unter dem Titel „Ni vivre ni mourir – l'ennui dans l'oeuvre de Gabriele Wohmann“ („Weder leben, noch sterben. Die Langeweile im Werk Gabriele Wohmanns“, Übersetzung I.S.) und publizierte auch in der Folge immer wieder Essays über sie. Er machte in einem Aufsatz auf die Verwandtschaft zwischen Hoppers Bildern und Wohmanns Erzählungen aufmerksam. „Einsamkeit, Sehnsucht, Einzelhaft zu zweit und existenzielle Langeweile: So lauten die Themen, die beide Werke miteinander verbinden“, schreibt Pivert in seinem Aufsatz „Bilder in der Art von Hopper" zehn Jahre nach Erscheinen des ersten „Wohmann-Hopper-Buches" und konstatiert bei beiden Künstlern dieselbe Befindlichkeit. Beider Figuren drücken Einsamkeit, Unzufriedenheit mit der Gegenwart, Kommunikationslosigkeit, das Pendeln zwischen „Alltag und Abenteuer, Langeweile und Hoffnung" aus. Was die geschilderte Langeweile betreffe, so handele es sich zumindest bei Gabriele Wohmann um eine existenzielle, wenn nicht metaphysische, die am Ungenügen des hiesigen Lebens leidet. Ein Thema, das, wie wir aufgezeigt haben, bei ihr seit ihren Schreibanfängen ein durchgehendes Motiv ist.

Schon ein Jahr nach dem erfolgreichen Piper-Start erschien dort auch ein neuer Roman: „Bitte nicht sterben" (1993). Diese dem „Do not disturb"-Vorhängeschild in Hotels entlehnten und abgewandelten Bitte wird kennzeichnend sein für die neue Schaffens- und Lebensphase. Gabriele Wohmann will sich nicht stören lassen, weder vom Alter, das auch für sie näher rückt, noch bei ihren liebsten Nächsten – der Mutter und deren beiden Schwestern, die für den Roman Pate standen – noch gar vom Tod. Und wieder gelingt ihr das Kunststück, mit einem Tabuthema – dem Alter – ein großes Publikum zu erreichen durch ihre unsentimentale Art, nichts zu beschönigen und dennoch dem Unvermeidlichen humorvolle und tröstliche Seiten abzugewinnen.

„Meine Modelle waren meine Mutter und ihre beiden alten Schwestern, wovon eine immer noch lebt (2011), und wie die so zusammen zurechtkamen in ihrem Alter, so ganz vergnüglich", erklärt mir Gabriele. Und deshalb lässt sie ihre Erzählerin sagen: „*Bitte nicht sterben, und wenn das Sterben hundertmal die beste Lösung wäre. Endlich Freiheit, stimmts? Aber lässt es sich nicht doch noch ein bisschen verschieben. Es passt jetzt schlecht. Lass dirs gut gehen, machs gut, gute Besserung – alle Abschiedsvariationen sind Übersetzungen der drei Wörter: Bitte nicht sterben.*" Der Roman erschien in fünf Auflagen und noch einigen Sonderausgaben, sicher weil, wie Albert von Schirnding in der Süddeutschen Zeitung festhielt, Gabriele Wohmann durch die „erfrischende Unkonventionalität" der Figuren „ein lebensfreundliches und -heiteres Buch gelungen" ist. Und die FAZ urteilte: „In seinen besten Partien kommt der Roman dicht an Fontanes Causerien heran."

Im Folgejahr erschienen zwei neue Bücher, ein Band mit Liebesgeschichten „Wäre wunderbar, am liebsten sofort" im Piper Verlag und im Matthias Grünewald Verlag eine Sammlung von verschiedenen Texten zum Thema „Erzählen Sie mir was vom Jenseits". Neben bereits veröffentlichten Erzählungen und Gedichten sind auch eine Anzahl neuer Texte in diesem Band enthalten. Beachtenswert ist das Buch vor allem deshalb, weil Gabriele Wohmann sich hierin erstmals ganz offen – und das bereits durch die Titelgebung – explizit als christlich offenbart. Über den Glauben zu sprechen oder zu schreiben ist wahrscheinlich ein noch größeres Tabu als über Alter, Sterben und Tod, was Thema ihres nächsten Romans „Aber das war noch nicht das Schlimmste" (1995) sein wird. Benoît Pivert hat in seiner Dissertation herausgearbeitet, dass „bei ihren Figuren der Glaube – oder das Ringen nach Glauben – als die Endstation jener existenziellen Langeweile erscheint".

Ich halte diesen Befund für zu kurz gegriffen. Gabriele Wohmann macht es wie ihr Lieblingsschriftsteller Anton Tschechow, über den sie einmal festhält: „*Čechov lässt seine Geschichten offen enden. Wir empfangen keine Botschaften. Es sind Geschichten um ihrer selbst willen, und deshalb lese ich sie so gern. Diese Geschichten haben nichts mit Transportmitteln für Zwecke, Mitteilungen an den Leser gemein. Ich liebe an ihnen, dass man keinerlei Lehre aus ihnen ziehen soll … warum wir leben, warum wir leiden, es niemals zu wissen, das ist der Schreibstoff.*“ (In: „Ich lese, ich schreibe“, 1984) Gabriele Wohmann sagt, sie schreibe keine religiöse Literatur, sondern „Literatur über Ungetröstete, über Trostbedürftige, über Trostversessene“ und eröffne damit Identifikationsmöglichkeiten. Insofern können und wollen ihre Romane, Erzählungen und Gedichte, auch wenn sie immer wieder und von Anfang an auch von Glauben, Glaubenszweifel und Nichtglauben handeln, nicht eine Endstation erreichen, denn die liege – wie auf Hopperbildern jenseits des Fensters – außerhalb der Geschichten.

Als Gabriele Wohmann am nächsten Roman „Aber das war noch nicht das Schlimmste“ arbeitet, in dem sie den langsamen Prozess des Sterbens an Krebs thematisiert, ahnt sie noch nicht, dass dieses Thema sie bald sehr persönlich auf das Schmerzhafteste einholen sollte. Ihre über alles geliebte Schwester litt an einem inoperablen Gehirntumor und starb nach fünfjährigem Überlebenskampf im September 1999. Gabriele Wohmann konnte ihren Schmerz wiederum nur schreibend verarbeiten. „Abschied von der Schwester“ (2001) nannte sie dieses bei weitem persönlichste Buch ihres Schaffens, auch wenn sie darin nur einen ganz geringen Teil (das Ende) unverstellt autobiografisch gestaltet. Ansonsten versucht sie, mit Fiktionalisierungen Distanz zu schaffen. Denn dies ist für sie „bis auf Weiteres die abscheulich-brutalste, trostloseste, alles Schlimmste zusammenfassende Erfahrung meines Lebens". Und wieder gilt, für diese fünf Jahre des Hoffens und Verzagens, des Betens und Wünschens der innige Wunsch „bitte nicht sterben", denn im realen Leben, besonders wenn es um ihre Liebsten geht, ist der Glauben an das Zugesagte, an die bleibende Stadt, an die himmlischen Vorhöfe, an die Gabriele doch stets so hoffnungsvoll denkt, plötzlich kein Trost mehr.

„Der Glaube ist kein Besitzstand. Du musst täglich dran schuften", lesen wir im Roman „Aber das war noch nicht das Schlimmste". Und auch der Titel des Romans war, ohne dass sie es ahnen konnte, wie eine düstere Prophetie. Gabriele hat damals auch das langsame Sterben an Krebs bei ihrer Schwägerin, der jüngeren Schwester von Reiner, beschäftigt und das zeitgleiche Ereignis des Doppelselbstmords der beiden Grünen-Politiker Petra Kelly und Gert Bastian im Oktober 1992. Diese beiden Geschehnisse verwob sie fiktional miteinander zu einer Tragödie um Liebe und Tod als einer letzten unerbittlichen Wahrheit.

Schon ein Jahr darauf, 1996, erscheint „Das Handicap". „Über die Wirklichkeit der Liebe und die Liebe zur Wirklichkeit", formuliert der Lektor Uwe Heldt das Thema des Romans im Klappentext, und weiter heißt es dort: „Gabriele Wohmanns neuer Roman ist ein facettenreiches Spiel um ebenso alte wie unvermindert aktuelle Fragen: Wie sieht die Wirklichkeit des Glücks, der Liebe aus, und wie wichtig ist es, dass wir diese Wirklichkeit auch wirklich genau kennen?"

Die Protagonistin Sue ist durch einen Treppensturz vorübergehend erblindet und erlebt, wie ihr ursprüngliches Vertrauen in ihre Mitmenschen, allen voran ihren Mann und ihre Schwester, zunehmend umschlägt in Misstrauen.

„Bei diesem Roman habe ich mir vorgestellt, wie es ist für jemanden, der blind ist. Wie fühlt er sich den anderen gegenüber? Unsicher natürlich. Und die wissen immer nicht genau, inwieweit die Person richtig blind ist. Und dann die leichtlebige Schwester, die einen Priester zum Freund hat", erinnert sich Gabriele im Gespräch. „Aber Missbrauch, wie es heute in aller Munde ist, darüber würde ich nie schreiben. Ein Thema, das mir nicht liegt", fügt sie hinzu.

Blindheit spielt sie auch als Möglichkeit zur Flucht in ein Land Utopia durch. *„Sie war im Nirgendsheim, und es befand sich hier und nicht nirgends, bei nachdenklicher Betrachtung stimmte es aber sehr wohl, denn im Spiel lebte sie wahrlich da, wo niemand je war und wohin keiner je käme, absolut keiner, und mit keinem teilte sie sogar ihre Wetterwelt. Wäre das allerdings ohne Handicap durchzuhalten? Gab es eine Fortsetzung ihres Entfliehens?"* Das Leben – ein Traum? Nein. Das Leben – ein Spiel.

„Wir spielen ja bloß, Liebling, alles wie immer. Ich spiele, dass du mitspielst, so lang nichts Besseres geboten wird", so endet „Abschied von der Schwester".

Normalerweise ist Gabriele Wohmann kein Mensch, der sich gern auf Großveranstaltungen zu Wort meldet. Umso mehr erstaunte es sie, als sie 1995 Post bekam vom damaligen EKD-Ratsvorsitzenden Landesbischof Professor Dr. Klaus Engelhardt, in der er sie wissen ließ, dass „wir uns ein Wort von Ihnen wünschen“, und zwar zum Lutherjahr 1996, in dem sich Luthers Todestag zum 450. Mal jährte. Aus Respekt vor der Geistesgröße Luthers wagte sie zunächst nicht zuzusagen. „Sie selber haben sich intensiv mit der Problematik von Alter, Sterben und Tod befasst.“ Auch dieses Wissen des Ratsvorsitzenden ermunterte sie noch nicht zu einer Zusage. Erst bei einem persönlichen Gespräch in Darmstadt konnte er ihre Bedenken zerstreuen, theologisch nicht genug gebildet zu sein für solch eine Rede vor renommierten Theologen. Und sie gestand sich und ihrem Gast ein, wie zufrieden ihre Zusage ihren Vater gemacht hätte. Und wahrscheinlich hat sie sich doch auch darüber gefreut, weil es offenbar nicht ganz unbemerkt geblieben war, dass sie ein religiöser Mensch ist.

Am 18. Februar 1996 hielt Gabriele Wohmann bei der Gedenkveranstaltung der Evangelischen Kirche in Deutschland in der St.-Petri-Pauli-Kirche in Eisleben eine sehr persönliche Rede über Luthers Auseinandersetzung mit Leben und Sterben. Da konnte sie von dem reden, was sie schon immer beschäftigte. „Luther hat doch dieses ganz fundamentale Gebet gefunden: Herr, ich glaube. Hilf meinem Unglauben.“ Was bis dahin in Einsprengseln in ihrem Werk verteilt war – hier konnte sie ihre Gedanken in einem groß angelegten Vortrag bündeln und ihre Auffassung, dass Trost ohne Glauben nicht zu bekommen sei, einem großen Publikum vermitteln, das Gabriele Wohmann vor allem als berühmte Schriftstellerin kannte. „Auf das Problem mit dem Sterben, den unauflösbaren Konflikt zwischen dem Glauben an Gottes Zusage einerseits und der Angst vor dem Tod andererseits, auf diesen Widerspruch wird der Mensch immer wieder zurückgeworfen ... Menschen können uns helfen, retten können sie uns nicht, die vielen kleinen Rettungen, die wir im Laufe unserer Biografien brauchen, kann nur Gott bewerkstelligen ... Gottes Zuständigkeit beginnt mit unserem Sterben, denke ich und finde gerade darin Trost ... Aber menschliche Versuche absolut zu setzen als Wege zu Gott heißt nun einmal, verloren zu sein. Sie weicht nicht, soll auch nicht, die Sehnsucht nach der Erfahrung einer höheren, größeren Wirklichkeit."

Ihre Worte stießen auf breite Zustimmung. Für Gabriele Wohmann hatte diese Rede auch einen sehr persönlichen Aspekt: Es war die Zeit, in der ihre Schwester erkrankt war. Gabriele wollte sich mit ihrer Rede ganz besonders für sie anstrengen, „ohne Erklärung dafür, wie ihr damit geholfen wäre".

Durch die Krankheit der Schwester und das zunehmende Alter der Mutter sollten die nächsten drei Jahre für Gabriele eine große emotionale Belastung darstellen. Die Mutter war inzwischen zu ihren Schwestern nach Heppenheim an der Bergstraße gezogen, und so wusste Gabriele sie wenigstens in guten Händen und war befreit von der Sorge, dass der Mutter allein im Haus in Seeheim etwas zustoßen könnte. Ihr älterer Bruder Gerhard, der nach seiner Pensionierung mit seiner Frau in das Haus der Mutter zog, hatte für den auch von Gabriele und Reiner immer wieder erhofften Umzug die Weichen gestellt. Das Ritual der täglichen Anrufe wurde aufrechterhalten bis zum Schluss.

1999 wurde für Gabriele ein Jahr schmerzlicher Verluste: Im Februar starb die Mutter und im September ihre Schwester Doris, der Mensch, dem sie sich am innigsten verbunden fühlte.

Während der Jahre der Sorge um Schwester und Mutter – immer mit dem Gefühl, sie kümmere sich nicht genügend um ihre Lieben – musste selbstverständlich Gabrieles Berufsleben mit den vielen Verpflichtungen zu Lesungen, Interviews, Radiobeiträgen und Abgabeterminen für Manuskripte weitergehen, als gäbe es keine privaten Katastrophen. „Jeder Tag bei mir ist ein akrobatisches Verdrängungstheater", schrieb sie mir im April 1999. Zu Hilfe in dem ganzen Gefühlschaos nahm sie aber neben ihrem Glauben an die Zusagen Gottes auch immer wieder ihre weltlichen Gewährshelfer, allen voran Goethe, von dem sie, wie sie mir damals erzählte, die Aussage entdeckt habe, „dass alle diejenigen in diesem Leben tot seien, die kein anderes hoffen". Auch liebt sie die wunderbaren Beweisführungen von Pascal, nach dem Atheisten „dumm", oder von Kant, wonach sie „unvernünftig" seien. Und in Sorge, sie könne in die Naivitätsecke geschoben werden, zitiert sie mir noch einen Ausspruch Albert Einsteins: „Gott ist raffiniert, aber nicht boshaft." Wobei ihr vor allem die Selbstverständlichkeit gefällt, mit der ein Naturwissenschaftler von Gott spricht. Auch Tertullian (etwa 150–230 n. Chr.) mit seinem „credo quia absurdum" („Ich glaube, weil es unsinnig ist", Übersetzung I.S.) gefällt Gabriele, weil sie Paradoxien liebt.

Obwohl Gabriele Wohmann 1997 mit dem Großen Bundesverdienstkreuz der Bundesrepublik für ihre

Verdienste in der Literatur ausgezeichnet wurde, begannen ihre Bücher, sich deutlich schlechter zu verkaufen. Hunderttausende verkaufte Bücher und zusätzlich in verschiedenen Taschenbuchverlagen, gehörten plötzlich der Vergangenheit an. Wahrscheinlich angesichts der Zunahme und immer größeren Bedeutung der visuellen Medien, geriet die gesamte Belletristik-Verlagsbranche in eine ernste Krise, in der Sparen angesagt war. Es kam vielerorts zu Zusammenschlüssen unter einer finanzstarken Gruppe, einem Konzern wie etwa der schwedischen Bonnier-Gruppe oder dem Holtzbrinck-Konzern. Auch Klaus Piper verkaufte 1998 seinen Verlag an den Bonnier Verlag. Sein Sohn Ernst (seit 1982 geschäftsführender Gesellschafter im väterlichen Piper Verlag) erwarb im selben Jahr den schweizerischen Pendo Verlag, in dem Gabriele mehrere Bücher veröffentlichte (neben Piper), verkaufte den Verlag allerdings schon 2001 an den Eichborn Verlag weiter. Man kann daraus sehen, dass damals schwierige Zeiten in der Buchbranche herrschten. Die Verlage waren zum Sparen gezwungen und auf Gewinne durch Bestseller angewiesen. Beides bekam den Absatzzahlen der Wohmannschen Bücher nicht gut. Auch Fernsehfilme von Gabriele – bis dahin eine gute Einnahmequelle – waren plötzlich nicht mehr gefragt. „Das Fernsehen erstarb dann, weil meine Sachen da nicht mehr reingepasst haben, man braucht sich ja nur das Programm anzugucken“, sagt Gabriele bei unserem Treffen zu diesem Kapitel. Und dabei waren es gerade die Einnahmen aus den Fernsehproduktionen, die es den Wohmanns ermöglicht hatten, sich ihr Haus zu bauen. Im Hörfunk lief es glücklicherweise besser, besonders Westdeutscher-,

Hessischer- und Südwest-Rundfunk produzieren bis heute ihre Hörspiele. Auch Hörbücher ihrer Erzählungen sind erschienen – von ihr selbst gelesen oder von anderen Sprecherinnen wie Nina Hoss oder Birgitta Assheuer, die auch in Marcel Reich-Ranickis Hörkanon mitwirkt, der 2010 erschienen ist, ebenso wie der KANON in Buchgestalt. Dass sie in „Die besten deutschen Erzählungen – Von der Klassik bis zur jüngsten Gegenwart" vertreten ist, darüber freut sich Gabriele.

Nach dem Roman „Das Handicap" kamen wieder fünf Erzählungsbände in knapper Folge heraus. „Vielleicht versteht er alles" (1997), „Bleibt doch über Weihnachten" (1998), „Schwestern" (1999), „Frauen machens am späten Nachmittag" und „Frauen schauen aufs Gesicht" (beide 2000). Walter Hinck, emeritierter Professor für Germanistik und profunder Kenner der deutschen Sprache und Literatur, schrieb in seiner Besprechung des Erzählungsbandes „Schwestern" in der FAZ (21.09.1999): „Wenn es einen Literaturpreis für die kontinuierlichste Veröffentlichung von Erzählprosa gäbe, so gebührte er Gabriele Wohmann. Seit vier Jahrzehnten beliefert sie den Buchmarkt mit jener Regelmäßigkeit, mit der uns morgens die Zeitung gebracht wird."

War möglicherweise diese Regelmäßigkeit der Neuerscheinungen zum Problem geworden? Wer aber hat, wie Hinck betont, dem Leser und Feuilleton „eine Chronik deutschen Familienlebens seit 1950" so zuverlässig geliefert außer dieser Autorin? Walter Hinck weiter: „Niemand hat mit sensibleren Ohren in die Häuser des wohl situierten Bürgertums gehorcht, niemand so genau das Tagesgeplapper und das gereizte Geplänkel und die im Hausrock daherkommende Akademikersprache protokolliert."

Gewohnt an die Klage von Verlagen, Erzählungsbände würden sich schlechter verkaufen als Romane, lieferte Gabriele Wohmann dem Piper Verlag nun auch wieder in rascher Folge drei Romane: „Das Hallenbad" (2000), „Schön und gut" (2002) und „Hol mich einfach ab" (2003). Dazwischen lag die Veröffentlichung von „Abschied von der Schwester" 2001 im Pendo Verlag. Diese Textsammlung über Sterben und Tod offenbart Gabriele Wohmanns große Kunst, Persönliches durch verwandelnde Diskretion zu Dichtung werden zu lassen. Das ist erschütternd und anrührend zugleich. Und was sie oft ihren Protagonisten an tranzendental Tröstlichem in den Mund legen konnte, versagt sie sich hier weitgehend. Denn beim Sterbensprozess der Schwester *„funktionierten meine schönen Todestheorien extrem schlecht. Ich war mir bei ihr des Himmelreichs nicht so sicher wie im Winter beim Tod meiner Mutter, die ich dorthin ganz ohne Mühsal transportieren konnte; sie träfe den Vater, wie sie es sich gewünscht hat, vom sehr langen Leben war sie müde geworden"*.

Die oftmals bedrängende Frage, ob nicht die Kunst (Literatur) auf Kosten des Lebens (mangelnde Zuwendung) gehe, hat Gabriele seit ihren Schreibanfängen auch durch die Wahl ihrer Themen zu lösen versucht und nebenbei auch nicht an Zuwendung und Liebe gespart. Hunderte oder gar Tausende ihrer privaten Briefe an Vater, Mutter und Geschwister geben darüber Auskunft (im Vorlass im Literaturarchiv Marbach). Mir schrieb sie im Schicksalsjahr 1999: „Die Sinnfrage beim Schreiben darf ich mir sowieso nicht mehr stellen (aber was ausser dem Sinnlosen ist sinnvoll ... wozu mir Tertullian einfällt: Ich glaube, weil es absurd ist). Trotzdem schreibe ich natürlich (im wahrsten Wortsinn) weiter, liesse ich es, wäre es wider meine Natur und ich müsste sofort in die Psychiatrie."

Sechsundzwanzig Jahre nach dem Paulinchen-Bestseller nahm Gabriele Wohmann das Thema Kind/Jugendliche versus Erwachsene wieder auf. Die Protagonistinnen Mona in „Das Hallenbad" und Muriel in „Schön und gut" könnten jeweils die nur etwas älter gewordene Paula sein. Beide stehen an der Schwelle zur Adoleszenz und können sich noch nicht recht in ihre neue Rolle einfinden. Deshalb entwickeln sich beide zu kleinen Dichterinnen und leben beim Geschichtenerfinden (Mona) oder beim Beschreiben der bewunderten Flora im Tagebuch (Muriel) ihre Fantasiewelten aus. Man kann sich gut vorstellen, dass Gabriele Wohmann den beiden und zudem noch der attraktiven, geheimnisvollen Flora einige eigene Züge verliehen hat. Walter Hinck in seiner Besprechung von „Das Hallenbad" hat sich vom Charme des Buches verführen lassen, von der kleinen Mythomanin und „liebenswerten Hochstaplerin" Mona, die ihre Mitwelt mit skurrilen Geschichten versorgt (FAZ, 26.1.2001). Albert von Schirnding spricht in der Süddeutschen Zeitung (7.10.2000) von einer „meisterhaft sicheren Skizze" und hebt zu einer wahrhaft großartigen Formulierung an, indem er von der „Geburt der Dichtkunst aus dem Geist des vitalen Mangels" spricht, bezogen auf die jugendliche Protagonistin Mona. Gleichwohl könnte man darin eine Kennzeichnung von Kunst ganz allgemein erblicken. Martin Walser sagte einmal in einem Interview mit mir etwas ganz Ähnliches: „Der Mangel ist meine Muse“.

So nimmt auch der Roman „Schön und gut“ diese Antinomie auf. Sowohl David, Floras Stiefsohn, als auch die bei ihnen lebende Cousine Muriel projizieren ihrer beider Sehnsüchte auf die interessante Flora und beschließen gemeinsam, jeweils getrennt über die Angeschwärmte Aufzeichnungen zu machen und diese sich dann gegenseitig vorzulesen. So kommen sie sich über den Umweg des Schreibens näher. Am Ende steht die Frage: „Also was nun, Leben oder Kunst?“ Das mag für die beiden Jugendlichen noch eine offene Frage sein. Für Gabriele Wohmann hingegen scheint mir schon durch den Titel „Schön *und* gut“ (Hervorhebung I.S.), also die Konjunktion, auch die Frage des Entweder-oder bei Leben oder Kunst beantwortet. Für die Autorin kann sich diese Frage nicht stellen. Sie hat die Antwort mit ihrem lebenslangen Schaffen bereits gegeben.

2002 war das Jahr von Gabriele Wohmanns 70. Geburtstag. Kaum zu glauben, dass der so renommierten Schriftstellerin weder von der Stadt Darmstadt noch von ihrem Verlag Piper eine gebührende Geburtstagsfeier ausgerichtet wurde. „Jedenfalls fand offiziell nichts statt, aber die Politiker haben wieder alle geschrieben“, berichtet Gabriele auf meine Nachfrage. Dass seitens des Verlags nichts geschah, kommentiert sie mit: „Weil ich nicht mehr im richtigen Verlag war.“ Die Feuilletons jedenfalls flochten ihr Ehrenkränze, wie wir im Munziger Archiv nachlesen können.

Eine Fülle von Aufsätzen, Porträts und Interviews erschienen. Der französische Germanist Benoît Pivert schrieb allein drei Beiträge anlässlich des 70. Geburtstages: den bereits erwähnten „Bilder in der Art von Hopper“ sowie ein Interview „Gauloises zum Geburtstag“ (beide in der Literaturzeitschrift „Deutsche Bücher“), außerdem ein Interview für die Berliner Zeitung (18.5.2002). Darin bekannte Gabriele Wohmann: „Ich finde es äußerst wichtig, über dieses Leben hinauszudenken. Unbedingt zu wissen, das hier kann nicht alles sein.“ Dorothea Dieckmann in der *Neuen Zürcher Zeitung* hält Gabriele Wohmann gar für eine „unverwüstliche Institution der deutschen Literatur“ und wünscht ihr nach einem derart immensen Lebenswerk „die Wonnen unschuldigen Müßiggangs“. Wieland Freund in der WELT (21.5.2002) stellte in seiner Würdigung heraus, dass, was die Autorin leiste mit der minutiösen Schilderung von Mikrobeschädigungen, insgesamt eine „Mentalitätsgeschichte des bundesrepublikanischen Bildungsbürger-Alltags“ darstelle. Auch Walter Hinck ordnet Wohmanns „literarhistorischen Ort in der Entwicklung der Nachkriegsliteratur“ genau dort ein, wo sie „mit skeptisch-kritischem Blick“ die Wirklichkeit beobachtet hat. Als Chronistin sei sie zur Satirikerin und weiter zu einer Autorin voller Humor geworden, die für ihre Geschichten die Tragikomik des Lebens entdeckt habe. (Die politische Meinung, Mai 2002).

Das Land Baden-Württemberg verlieh ihr 2002 seine Verdienstmedaille, während ihre Geburts- und Lebensstadt Darmstadt erst ein Jahr später mit der Verleihung der Silbernen Verdienstplakette nachzog.

Reiner Wohmann zeigt mir die Medaille und betont, dass das die höchste Auszeichnung der Stadt sei (eine goldene gebe es nämlich nicht). Und dass Gabriele damit sogar ihren eigenen Vater übertroffen hat, der die bronzene Verdienstmedaille erhalten hatte – das belustigt die beiden Wohmanns, die diese ganzen Auszeichnungen für schöne Anerkennungen in Gabrieles Biografie halten.

In unserem damaligen Gespräch für eine Würdigung in der Wochenzeitung *Rheinischer Merkur* anlässlich ihres 70. Geburtstages sagte Gabriele: „Für Jubelfeiern ist da kein Anlass. Es ist ja nun die immer weniger bleibende Zeit, die vor einem liegt, über die man unweigerlich nachdenkt. Nicht dass ich darüber traurig wäre – so erdenklebrig bin ich ja gar nicht. Und dennoch, und dennoch ... Nur junge Leute geraten ins Schwärmen, was im Alter alles an Gutem und Schönem auf einen zukomme: mehr Weisheit, größere Gelassenheit ... Nichts ist damit bei mir! Es ist und bleibt doch so, wie James Joyce gesagt hat: Man lebt und weiß den Tod. Alles andere ist Beschäftigungstherapie." Trotzdem lebe sie keineswegs ungern, sei genussfähig und froh darüber, dass sie dieses wunderbare, einzig mögliche Ventil Schreiben hat, um sich von Sorgen zu befreien. „Solange ich das noch kann, solange mir noch genug einfällt, brauche ich mich nicht zu beklagen."
Altersmilde will sie aber auf keinen Fall sein. Auch Zeit an Griesgram zu verschwenden, hält Gabriele Wohmann für unvernünftig. Rilkes „Alles Schöne ist nur des Schrecklichen Anfang" kehrt sie vielmehr um und lässt das Schreckliche des Schönen Anfang sein, denn das vollkommene irdische Glück, nach

dem Prominente im FAZ-Fragebogen gefragt wurden, das gibt es für sie nicht, jedenfalls nicht von Dauer. „Es ist das", sagte sie in unserem Gespräch, „was ich mir eigentlich vom Himmel vorstelle. Hier in unserem irdischen Dasein gibt es das höchstens als Momentaufnahme."

Das Jahr 2003 wurde für Gabriele Wohmann wieder ein trauriges Jahr. Im Mai starb ihr älterer Bruder Gerhard an Krebs. Ein Jahr hatte es von der Diagnose bis zu seinem Tod gedauert. Auch beruflich musste sie eine Trennung verkraften: 2003 brachte der Piper Verlag als letztes ihr Buch „Hol mich einfach ab" heraus, einen Roman über das Älterwerden, aber nur als Taschenbuchausgabe, was Gabriele sehr ärgerte. Der Roman thematisierte neben dem Älterwerden die Ereignisse des 11. September 2001. Dann, nach drei Romanen in Folge, wollte Gabriele Wohmann endlich wieder einen Erzählungsband veröffentlichen. Als Erzählerin war sie schließlich in der Literaturgeschichte kanonisiert. Aber der Piper Verlag hatte andere Pläne. Gabriele berichtet dazu: „Zum Ende bei Piper kam es dadurch, dass sie von mir unbedingt eine Autobiografie wollten. Und ich habe immer wieder gesagt, ich bin eine Erzählerin, und ich möchte einen Erzählungsband veröffentlichen." Und sie fährt fort: „Sie blieben aber stur. Sie haben mich sogar extra zum Essen eingeladen, um mich zu überreden. Und ich sagte ihnen, mein Gedächtnis wäre gar nicht in der Lage dazu." Anscheinend hätten sie sich von einer Autobiografie mit möglichst vielen „Bekenntnissen" einen großen Verkaufserfolg versprochen. Doch Gabriele Wohmann blieb ebenfalls stur und weigerte sich. „Gut für dich“, meint sie lachend, und ich stimme ihr zu.

Im selben Jahr 2003 sind Gabriele und Reiner fünfzig Jahre lang verheiratet, ein bei Künstlern nicht häufig anzutreffendes Ereignis. Gefeiert wurde nicht. „Wir sind keine Menschen, die so etwas feiern“, sagt Gabriele zu mir. Aber es ist ihr in jeder Minute ihres gemeinsamen Lebens bewusst, dass es „ein Glück und eine Gnade“ ist, ihren Reiner an der Seite zu haben.

Mit dem Erzählband „Fahr ruhig mal 2. Klasse“ (2004) endet auch die Zusammenarbeit mit dem Pendo Verlag. Im Frühjahr 2005 übergibt Gabriele Wohmann dem Deutschen Literaturarchiv Marbach ihren Vorlass. Es handelt sich dabei um ein Riesenkonvolut von Manuskripten zu ihren mehr als einhundert Buchveröffentlichungen, außerdem Tagebücher, Notizbücher und Korrespondenzen, sowohl private als auch berufliche mit Kollegen, Verlagen, Redakteuren – kaum ein in der Literaturszene (und darüber hinaus) bekannter Name, der nicht unter den Briefschreibern ist – Günter Grass, Marcel Reich-Ranicki, Christa Wolf, Marie-Luise Kaschnitz, Peter Handke, Alexander Mitscherlich, Lew Kopelew – um nur einige aus der Liste zu nennen.

Als am 6. Juni 2006 das vom Stararchitekten David Chipperfield entworfene Literaturmuseum der Moderne in Marbach eröffnet wird, ist das ein Medienereignis. Der imposante Bau am Schillerplatz, an einem Hang oberhalb des Neckartals gelegen, zieht fortan viele Besucher an und lenkt das allgemeine Interesse auf die Arbeit und die wertvollen Bestände des Literaturarchivs. Neben einer Dauerausstellung mit

Pretiosen der älteren Literaturgeschichte werden dort laufend Ausstellungen arrangiert. Gleich zur ersten großen Ausstellung 2007 unter dem Titel „Ordnung. Eine unendliche Geschichte“ konnten auch die Neueingänge aus Gabriele Wohmanns Vorlass die Blicke der Besucher auf sich lenken. In verschiedenen Zeitungen sah man Betrachter ehrfürchtig staunend vor den Stapeln ihrer Manuskript-Mappen stehen: grüne für ihre Romane, gelbe für Erzählungen, rote für Drehbücher, orangefarbene für Gedichte und blaue für Hörspiele.

Durch den Wechsel zum Aufbau Verlag, der zu Zeiten der getrennten deutschen Staaten bereits etliche Wohmann-Titel veröffentlicht hatte, konnten ab 2006 nun auch wieder Erzählungsbände von ihr erscheinen, allerdings zu ihrem Kummer nur im Zwei-Jahres-Abstand: „Scherben hätten Glück gebracht“ (2006), „Schwarz und ohne alles“ (2008) und „Wann kommt die Liebe“ (2010).

Vom Feuilleton der WELT wurde beinahe enthusiastisch die „Rückkehr“ der Erzählerin Gabriele Wohmann gefeiert, als wäre sie je weg gewesen. „Gabriele Wohmann ist wieder da – mit meisterhaften Erzählungen“ titelte die WELT vom 11. Oktober 2008, worin der Rezensent Tilman Krause Gabriele Wohmanns „amerikanischen Stil“ mit dem des Autors Raymond Carver (1938–1988) verglich – ein Vergleich, der ihr gefallen hat, wie sie mir erzählt. Den Erzählband „Schwarz und ohne alles“ lobte Krause als „glanzvolle Sammlung von Kurzgeschichten, die bezeugen, dass ihr großes Talent die Zeiten fabelhaft überdauert hat ... (und) die das Ingenium der Autorin taufrisch zeigen wie am ersten Tag“. Maria Frisé hob bei dem Band „Scherben hätten Glück gebracht" die „vertrauten unverwechselbaren Wohmannschen Schlenker" in ihren Geschichten hervor und nannte sie eine „Meisterin der abrupten und überraschenden Schlüsse". Sie sei unverkennbar milder geworden, „doch den ironischen Blick hat sie behalten, und nach wie vor beobachtet sie bewundernswert genau, was zwischen den Menschen vor sich geht." (FAZ, 7.9.2006) Die Hochachtung für die Lebensleistung der Dichterin lässt sich auch in den Würdigungen zu ihrem 75. Geburtstag nachlesen und -hören. Ansonsten ist sie doch ein wenig verbittert darüber, dass sie ihre Arbeiten wie in ihren Anfangszeiten bittstellerhaft bei Redaktionen anbieten muss. Das findet sie zu Recht frustrierend und auch demütigend. Volker Weidermann fragt sich in seinem Porträt verwundert: „Wie konnte es eigentlich passieren, dass die Schriftstellerin Gabriele Wohmann so radikal aus der Mode gekommen ist?" (Frankfurter Allgemeine Sonntagszeitung, 27. Juli 2008)

Nun, so ganz stimmt es zum Glück ja nicht. Immerhin gehören ihre Erzählungen zum Schullesestoff, und im Internet kann man sowohl Hilferufe von Schülern, als auch Interpretationshilfen finden, was beweist, wie auch noch die Enkelgeneration sich an Kurzgeschichten der Wohmann „abarbeitet". Und als Autorin ist sie in Schulen auch bis vor Kurzem noch gern gesehener Gast gewesen, wie man etwa auf der Homepage des Bayernkolleg Schweinfurt nachlesen kann: „Eine Autorin, die gerne im Unterricht behandelt wird, die die Lebenswelt der Jugend und jungen Erwachsenen hautnah schildert." 2004 las und diskutierte sie dort und begeisterte die Jugendlichen durch ihre Offenheit und Unkonventionalität. Ihre Lesungen waren bis zuletzt stets gut besucht, und mit Applaus wurde nicht gespart. Erst seit Kurzem kann sie nicht mehr weit reisen auf Grund – wie sie schalkhaft sagt – ihrer vielfältigen „-osen“, angefangen von Osteoporose bis hin zu Arthrose. Dafür reisen die Redakteure und Redakteurinnen zu ihr nach Darmstadt.

Unversehens sind wir bei unserer gemeinsamen Arbeit an der Biografie in der Jetztzeit, das heißt im Jahre 2011, angelangt. Anfang des Jahres hat Gabriele Wohmann einen liebenswerten Band mit dem schönen Titel „Sterben ist Mist, der Tod aber schön“ im Kreuz Verlag herausgebracht. Der evangelische Theologe, Journalist und Schriftsteller Georg Magirius hatte die von ihm hoch geschätzte Autorin dazu animiert, ihre Gedanken zu Tod, Erlösung, Auferstehung, die ihm in ihren Werken aufgefallen waren, einmal gebündelt zu vermitteln. Der Titel ist typisch für Gabrieles Humor, der auch ernsten Themen diesen Hauch Leichtigkeit verleiht. Denn eins ist klar: Sie redet nicht um den heißen Brei herum, sondern nennt die Dinge beim Namen, jedes „Wischiwaschi“ ist ihr ein Gräuel. Das betrifft ganz besonders auch ihren Glauben, ohne den, wie sie ja selbst immer wieder und immer öfter in der letzten Zeit betont, sie wahrscheinlich keine Zeile schreiben würde. Himmel bedeutet das Ende der Vergänglichkeit und den Anfang von etwas ganz Neuem, ganz Anderem: Dass dann nämlich, zitiert Gabriele einen ihre Lieblingssätze von Karl Barth, „der Vorhang zum Eigentlichen erst richtig aufgeht“. Aber wie es dann wohl sein wird, das weiß sie natürlich ebenso wenig wie sonst jemand. Die Verheißungen der Bibel übersetzt sie sich gern in ganz irdisch-alltägliche Wunschvorstellungen. Und natürlich ist man dann alle Beschwerden los. Denn sie nimmt die Voraussage der „Auferstehung im Fleische“ sehr wörtlich. „*Was über Erlösung gesagt wird, klingt oft so allgemein: Einswerden mit Gott, da kann ich mir nichts drunter vorstellen. Das ist ungefähr wie wenn die Leute sagen: Ich werde umherschweben in diesem Zitronenfalter. Das ist ausredenhaft und unbefriedigend. Ich will kein Zitronenfalter werden, davon habe ich nichts.*“ („Sterben ist Mist, der Tod aber schön“)

Zu all diesen Gedanken passt es, dass sie für die legendäre „Frankfurter Anthologie“ von Marcel Reich-Ranicki in den letzten Jahren fast ausschließlich Gedichte zum Interpretieren aussucht, die einen Bezug zu transzendentalen Fragen haben. Wenn ich diese Interpretationen lese zu Gedichten von Gottfried Keller, Hermann Hesse, Novalis oder Friedrich Hebbel, so kommt es mir vor, als sei die Pfarrerstochter doch noch in des Vaters Fußstapfen getreten. Die Poesie erklärt Gabriele Wohmann poetisch, aber ein wenig Lebenshilfe wie „Trost durch Trauer“, „Mildernde Umstände“, „Der Schmerz lernt lächeln“ lässt sich aus ihren Deutungen, die man getrost kleine Predigten nennen kann, mitnehmen. Und dieser Trost ist keineswegs abstrakt. Auch sie bedurfte vor Kurzem dessen, als ihr jüngerer Bruder Martin nach einem Sturz auf seiner Arbeitsstelle mit einem doppelten Schädelbasisbruch seinen Verletzungen erlag.

„Martin ist tot. Man wird nie wieder am Telefon seine Stimme hören“, sagte sie mit Trauer in der Stimme. „Und er hatte sich so auf seine Freiheit als Rentner gefreut. Am 19. Mai wäre er frei gewesen, da wäre er 65 Jahre alt geworden."

Ihr „kleiner" Bruder war Gabriele vielleicht am ähnlichsten in seinem Aufbegehren gegen jeglichen Erwartungsdruck von außen. Ihn hat Gabriele in unzähligen Geschichten über Jugendliche und Kinder, über Unangepasste und Andersartige, die nicht ins Schema vorgefasster Meinungen passen, in vielerlei Variationen porträtiert. Gemeinsam hörten sie damals, als sie noch im Pfarrhaus wohnten, die Beatles und andere Popmusik, die sie immer noch liebt. „Zusammen mit Reiner", erzählt sie. „Der fand Beatmusik auch gut. Wir waren immer zu dritt, und Reiner hat das Tonband bedient." Das Abheben von der Wirklichkeit, wie sie es damals empfunden hat, ist für Gabriele heute noch eine ihrer besten Erinnerungen. Dass bei diesen „Beat-Séancen" auch stets Alkohol griffbereit war, das kreidet sie sich heute an, und sie fühlt sich ein bisschen mit verantwortlich an der nicht ganz so gradlinigen Biografie ihres Bruders. Aber er sei als Nachkömmling auch besonders verwöhnt worden. „Das Einzige, was meine Eltern nicht so gut gemacht haben", wie sie einräumt.

Nun ist sie von der Familie allein übrig geblieben. „Es ist die Compassion, die heilt. ‚Take a sad song, and make it better', singen die Beatles", schrieb Gabriele unter der Überschrift „Der Schmerz lernt lächeln" in der Frankfurter Anthologie. (FAZ, 15.8.2009) Wenn sie an ihren Bruder denkt, wird sie den Song jetzt vielleicht manchmal vor sich hinsummen.

Ihre Sehnsucht geht sowieso himmelwärts. Die einzige Sorge, die sie jetzt noch umtreibt, ist, wer von ihnen beiden früher stirbt: Reiner oder sie. Ihrer beider Leben ist tatsächlich wie das der mythologischen Gestalten Philemon und Baucis geworden, obwohl Gabriele früher diesen Vergleich nicht besonders mochte.

Und was geschieht mit ihrem schönen Haus und dem ganzen Inventar nach ihrem Tod? „Das wissen wir nicht“, antwortet Gabriele auf meine Frage. „Wir machen immer mal wieder Ansätze, und dann hören wir auf, das ist zu schwierig.“ Wichtig sei allein der Verbleib des literarische Nachlasses, und der käme ja wie bereits der Vorlass nach Marbach. Die Schillergesellschaft als Trägerin des Marbacher Archivs hat sich verpflichtet, das Material der Forschung zugänglich zu machen (ich konnte dankenswerterweise davon schon profitieren) und es inhaltlich fachgerecht zu erschließen.

Die Frage „Wie möchten Sie sterben?“, gehörte zum FAZ-Fragebogen-Katalog. Gabriele Wohmann hatte 1980 diese Frage so beantwortet: „Von wollen kann zwar überhaupt nicht die Rede sein, aber wenn schon, dann eventuell ungewarnt, vom Blitz getroffen, auf einen Schlag mit meiner Familie.“ Dass das Leben uns solche Fragen nicht stellt, versteht sich von selbst. Und so ist ihr Wunsch auch nicht in Erfüllung gegangen. Vielmehr musste sich Gabriele schmerzhaft mit jedem Tod eines ihrer Lieben abfinden. Deshalb möchte sie diesen Schmerz des Abschiednehmens, des Alleinzurückbleibens ihrem Mann ersparen. Da hat sie die tiefe Weisheit eines Gedichts von Reiner Kunze für sich entdeckt: „Bittgedanke, dir zu Füßen // Stirb früher als ich, um ein weniges / früher // Damit nicht du / den weg zum haus / allein zurückgehn musst.“

„Fürchte dich nicht, denn ich habe dich erlöset; ich habe dich bei deinem Namen gerufen; du bist mein!“ Diesen Spruch aus Jesaja. 43,1 könnte sie sich als Spruch für ihre Todesanzeige vorstellen oder auch Hebräer 11,1: „Es ist aber der Glaube eine gewisse Zuversicht, des, dass man hofft, und ein Nichtzweifeln an dem, was man nicht sieht.“

„Wir müssen alle sterben“, sagt sie, „und für die Zeit nach dem Sterben müssen wir uns etwas vorstellen. Zumal wir als Schreibende können ohne Fantasie ja überhaupt nicht leben! Wir haben nur unsere irdischen Erfahrungen, unser irdisches Zubehör, und damit dürfen wir uns Vorstellungen machen darüber, wie es sein wird nach dem Tod.“

In ihrem Arbeitszimmer befindet sich auf einem Bord eine Reihe von Gegenständen, die meine Aufmerksamkeit erregen: ein Globus, eine Tüte mit Engelsdekor, ein Kruzifix, ein Aschenbecher mit Ricard-Reklame und ein altes schwarzes Telefon. „In meiner Leidenschaft für Kinderwelten“, beantwortet sie meinen fragenden Blick, „stelle ich mir vor, dass diese Anordnung, die sich zufällig ergeben hat, mein Draht von der Erde zum Himmel ist.“ Und sie fügt hinzu: „Ohne meine kindliche Fantasie kommt im Grunde auch mein Glaube nicht aus.“

Und so wird Gabriele Wohmann ganz sicher bis zu ihrem letzten Atemzug dieser ihrer Fantasie Worte verleihen und uns weiterhin teilnehmen lassen an ihren Beobachtungen, Wünschen und Hoffnungen, in denen wir als ihre Leser und Leserinnen uns eins ums andere Mal wieder erkennen können.

Zeittafel

1932	Gabriele Wohmann wird am 21.5. als drittes von vier Kindern des Pfarrers Paul Daniel Guyot (1896–1974) und seiner Frau Luise, geborene Lettermann (1901–1999) in Darmstadt geboren. Ihr Bruder Gerhard war 1926, die Schwester Doris 1930 geboren worden.
1938	wird Gabriele in der Volksschule Bessungen eingeschult.
1942	kommt sie auf die Viktoriaschule, ein angesehenes Mädchengymnasium in Darmstadt.
1944	wird das Pfarrhaus, in dem die Familie Guyot lebt, durch eine Luftmine schwer beschädigt. Die Familie zieht in das „Heimathaus" des Diakonievereins, den der Vater leitet.
1945	Der jüngere Bruder Martin wird geboren.
1946	Gabriele wird in der Kirche in Bessungen konfirmiert.
1950–1951	Besuch der Oberprima am privaten Nordsee–Pädagogium auf der Insel Langeoog (die Unterprima hatte sie übersprungen).
1951	Externes Abitur in Norden am Ulrichsgymnasium (auf dem Festland). Rückkehr ins Elternhaus nach Darmstadt.
1951–53	viersemestriges Studium der Germanistik, Romanistik, Philosophie und Musikwissenschaft an der Universität Frankfurt am Main.
1953	Heirat mit dem Kommilitonen Reiner Wohmann, der Germanistik, Anglistik und Philosophie studierte.
1953–54	Hilfslehrerin am Nordsee-Pädagogium Langeoog gemeinsam mit ihrem Mann.
1954–57	Sprachlehrerin an der Volkshochschule Darmstadt und an der Handelsschule Häuser. Reiner Wohmann nimmt sein unterbrochenes Studium wieder auf und schließt mit dem Staatsexamen ab.
1957	erste Veröffentlichung mit der Erzählung *Ein unwiderstehlicher Mann* in der Literaturzeitschrift „Akzente".

1958	erste Buchveröffentlichungen *Mit einem Messer*, Erzählungen und *Jetzt und nie*, Roman.
1959	Mit einem Reisestipendium des Auswärtigen Amtes reisen Gabriele und Reiner nach London.
1960–67	Teilnahme an Treffen der „Gruppe 47".
1960	Aufnahme in den P.E.N.-Club, *Sieg über die Dämmerung*, Erzählungen.
1962	Reisestipendium nach London vom Schutzverband Hessischer Autoren.
1963	*Trinken ist das Herrlichste*, Erzählungen; *Sintflut*, Funkerzählung.
1965	*Hamster, Hamster!*, Funkerzählung., wofür sie den Funkerzählungspreis des SWF erhält. Außerdem erhält sie den „Georg-Mackensen-Literaturpreis" für die beste deutsche Kurzgeschichte. *Abschied für länger*, Roman. Der wird zum „Buch des Monats" gewählt. *Das Rendezvous* erstes Fernsehspiel (ZDF).
1966	Russlandreise als Gast des Sowjetischen Schriftstellerbundes. Erste Amerikareise (in Princeton tagt die Gruppe 47). *Große Liebe*, Fernsehspiel. *Theater von innen*, Protokoll einer Inszenierung. *Das Spiel Weinen*, Funkerzählung.
1967	*In Darmstadt leben die Künste. Die Bütows*, Erzählung. *Norwegian Wood*, Hörspiel. Lesereise nach Norwegen (Göteborg). Mit Erreichen seiner Pensionierung muss der Vater mit seiner Familie das „Pfarrhaus" räumen und eine „Notwohnung" im Schwesternhaus beziehen. Gabriele und Reiner ziehen in das Atelierhaus der neuen Künstlerkolonie im Park Rosenhöhe.
1967–68	Romaufenthalt als Villa Massimo-Stipendiatin.
1968	*Ländliches Fest*, Erzählungen. *Portrait einer Schichtarbeiterin*, Fernsehreportage (WDR).
1969	*Der Fall Rufus*, Hörspiel. Kurzgeschichtenpreis der Stadt Neheim-Hüsten für *Aus dem weißblauen Tagebuch*. Gabriele erhält vom Deutschen Gewerkschaftsbund den „Berlinpreis", ein vierwöchiges Stipendium.
1970	Lesereise in die USA (Boston, Amherst, Yale, Madison, Austin, Houston, Raleigh (New York). Lesereise nach Israel (Tel Aviv, Jerusalem, Haifa).

	Sonntags bei den Kreisands, Erzählungen. *Ernste Absicht*, Roman. *Treibjagd*, Erzählungen. *Kurerfolg*, Hörspiel.
1971	Literaturpreis der Freien Hansestadt Bremen für den Roman *Ernste Absicht*. *Selbstverteidigung*, Prosa und anderes. *Der Geburtstag*, Hörspiel. Aufenthalt in einer Klinik zur Entziehung von Alkohol- und Tablettenkonsum.
1972	*Gegenangriff*, Prosa. *Alles für die Galerie*, Erzählungen. *Die Witwen*, Fernsehspiel. *Tod in Basel*, Hörspiel. *Übersinnlich*, Erzählung. Lesereise nach Helsinki und Turku.
1973	*Habgier*, Erzählungen. *Tod in Basel*, Hörspiel. *Entziehung*, Fernsehspiel (ZDF) mit Gabriele Wohmann in der Hauptrolle. *Sylvester*, Kurzoper, Uraufführung am Staatstheater Stuttgart (Komposition Manfred Niehaus)
1974	Gabrieles Vater stirbt im Alter von 78 Jahren am 9. September. *Paulinchen war allein zu Haus*, Roman. Erster Gedichtband *So ist die Lage*.
1975	Ordentliches Mitglied der Berliner Akademie der Künste. *Schönes Gehege*, Roman. *Heiratskandidaten*, Fernsehspiel.
1976	*Ausflug mit der Mutter*, Roman. *Alles zu seiner Zeit*, Erzählungen.
1977	*Nachkommenschaften*, Fernsehspiel. *Böse Streiche*, Erzählungen. *Der Nachtigall fällt auch nichts Neues ein*, Hörspiel. Lesung im „Palast der Republik" in Ostberlin.
1977–80	Mitglied im Filmförderungsausschuss beim BMI (Bundesministerium des Inneren).
1978	Zweite Amerikareise. *Grund zur Aufregung*, Gedichte. *Nachrichtensperre*, Erzählungen. *Streit*, Erzählungen. *Frühherbst in Badenweiler*, Roman. *Wanda Lords Gespenster*, Hörspiel.
1979	*Ausgewählte Erzählungen aus zwanzig Jahren. Paarlauf*, Erzählungen.
1979–84	Ordentliches Mitglied des Goethe-Instituts (erste Periode).
1980	Bundesverdienstkreuz 1. Klasse. Ordentliches Mitglied der Deutschen Akademie für Sprache und Dichtung in Darmstadt. *Ach wie gut, dass niemand*

weiß, Roman. *Ich weiß das auch nicht besser*, Gedichte. *Meine Lektüre. Aufsätze über Bücher*, Essays. Am Darmstädter Staatstheater wird ihr erstes Theaterstück *Wanda Lords Gespenster* inszeniert. Reiner Wohmann verlässt zum 31.8. auf eigenen Wunsch den Staatsdienst, um sich ausschließlich der Arbeit an Gabrieles Werk widmen zu können.

1980–83 Mitglied im Filmförderungsausschuss beim BMI (Bundesministerium des Inneren), zweite Amtsperiode.

1981 Lesereisen nach England (London, York, Aberdeen, Manchester, Glasgow, Leeds, Liverpool, Warwick), nach Irland (Dublin), Dänemark (Kopenhagen), Norwegen (Oslo) und Schweden (Växjö, Malmö, Stockholm). Künstlerischer Beirat am Hessischen Staatstheater Darmstadt. Deutscher Schallplattenpreis. *Das Glücksspiel*, Roman. *Stolze Zeiten*, Erzählungen. *Komm lieber Mai*, Gedichte. *Paulinchen war allein zu Haus*, Fernsehspiel. *Hebräer 11,1*, Hörspiel.

1982 Johann-Heinrich-Merck-Ehrung der Stadt Darmstadt. *Einsamkeit*, Erzählungen.

1983 Poetik-Dozentur an der Universität Augsburg. Lesereise nach Leipzig und Weimar. *Ausgewählte Gedichte 1964–1982, Verliebt oder?*, Erzählungen. *Goethe hilf!*, Erzählungen. Austritt aus dem VS. Jurymitglied beim Literaturwettbewerb „Europalia" in Brüssel.

1983–86 Mitglied im Filmförderungsausschuss beim Bundesministerium des Inneren, 3. Amtsperiode.

1983–87 Jurymitglied des Peter-Huchel-Preises.

1984 Dritte Amerikareise (Hofstra Univesity/ Long Island, Yale, Detroit, San Antonio, Austin, Houston, Stanford/ Los Angeles). Lese-Reise nach Spanien (Barcelona, Madrid) und Portugal (Lissabon, Porto, Coimbra). *Der kürzeste Tag des Jahres*, Erzählungen. *Bucklicht Männlein*, Erzählungen. *Passau, Gleis 3*, Gedichte. *Ich lese, ich schreibe*, autobiographische Essays.

1984–89 Ordentliches Mitglied des Goethe-Instituts (zweite Periode).

1985 Stadtschreiberin des ZDF und der Stadt Mainz als

erste Preisträgerin dieses neu gestifteten Preises. Als Arbeitsergebnis entsteht der Fernsehfilm *Unterwegs. Ein elektronisches Tagebuch,* der vom ZDF ausgestrahlt wird. *Der Irrgast*, Erzählungen.

1986 *Gesammelte Erzählungen aus dreißig Jahren. Darmstadt. Unterwegs gehöre ich nach Haus,* Fernseh-Essay. *Glücklicher Vorgang*, Hörspiel. *Unterwegs. Ein Tagebuch,* Filmskript als Buch. *Zwei Reisen mit Flesch*, Fernsehspiel. Jurymitglied beim Ernst-Robert-Curtius-Preis.

1987 *Der Flötenton,* Roman. *Ein gehorsamer Diener,* Hörspiel. *Jetzt ist nur jetzt*, Fernsehfilm, Buch und Regie Gabriele Wohmann. *Mit Worten unterwegs*, Gefängnislesungen in Werl, Rheinbach, Willich, Geldern und Troisdorf.

1988 Hessischer Kulturpreis. Poetikdozentur an der Universität Mainz. *Ein russischer Sommer*, Erzählungen. *Es geht mir gut, ihr Kinder*, Hörspiel. Staatsreise mit Bundeskanzler Helmut Kohl nach Indonesien und Australien. Lesung in Jakarta vom Goethe-Institut.

Lesereise nach San Francisco/Berkely University. Austritt aus dem P.E.N.-Club.

1989 *Kassensturz*, Erzählungen. *Das könnte ich sein*, Gedichte. *Eine Okkasion*, Fernsehfilm. *Plötzlich in Limburg*, Komödie. *Fensterblicke*, Erzählung (mit Radierungen von Thomas Duttenhoefer). Gefängnislesung in Düsseldorf.

1990 *Schreiben müssen. Ein elektronisches Tagebuch.* Fernsehfilm, Buch und Regie Gabriele Wohmann. *Ein glücklicher Tag*, Gedichte.

1991 *Er saß in dem Bus, der seine Frau überfuhr*, Erzählungen. Letzter Band im Luchterhand Verlag. *Drück mir die Daumen,* Hörspiel.

1992 Konrad-Adenauer-Preis für Literatur. *Das Salz bitte! Ehegeschichten*, Erzählungen, erster Erzählungsband im Piper Verlag. *In Odessa nämlich*, Hörspiel. *Keine Zeit und zu faul*, Kammerszenen. (Komposition von Eva Schorr), Uraufführung im Staatstheater Stuttgart.

Im November beziehen Gabriele und Reiner Wohmann ihr neu erbautes Haus.

1993	*Bitte nicht sterben*, Roman. *Ein Mann zu Besuch*, Erzählungen.
1994	„Montblanc-Literaturpreis". *Wäre wunderbar, am liebsten sofort. Liebesgeschichten. Erzählen Sie mir was vom Jenseits*, Gedichte, Erzählungen und Gedanken. *Der Mann am Fenster*, Hörspiel.
1995	*Aber das war noch nicht das Schlimmste*, Roman. *Die Schönste im ganzen Land. Frauengeschichten.*
1996	*Das Handicap*, Roman. *Besser als liegen ist tot sein,* Hörspiel. Vortrag beim Festakt zum 450. Todestag von Martin Luther in Eisleben.
1997	Großes Bundesverdienstkreuz. *Vielleicht versteht er alles*, Erzählungen. *Vanilleeis ist besser als der Tod*, Hörspiel. *Daphne lebt hier nicht mehr*, Hörspiel
1998	*Bleibt doch über Weihnachten*, Erzählungen.
1999	Im Februar stirbt Gabrieles Mutter im Alter von 98 Jahren. Im September stirbt ihre Schwester Doris nach fünfjähriger Krankheit an einem inoperablen Hirntumor. *Schwestern*, Erzählungen. *Direct call, Die Tür klemmt, Der Tag, an dem der Schornsteinfeger kommen sollte,* Hörspiele.
2000	*„Das Hallenbad"*, Roman. *„Frauen machens am späten Nachmittag"*, Erzählungen. *„Frauen schauen aufs Gesicht"*, Erzählungen.
2001	*Abschied von der Schwester.*
2002	Verdienstmedaille des Landes Baden-Württemberg. *Schön und gut*, Roman. *Exit*, Hörspiel. *Der Dolly-Gag, Alle genießen die Party*, Hörspiele.
2003	Im Mai Tod des älteren Bruders Gerhard. *Hol mich einfach ab*, Roman. Letzter Band im Piper Verlag. *Umwege,* Erzählung (zusammen mit Original-Mischtechniken von Jürgen Brodwolf). Silberne Verdienstplakette der Stadt Darmstadt.
2004	*Der Lonely Woman Club*, Hörspiel. Zum 50-jährigen Jubiläum der Deutsche Grammophon wird die mit dem deutschen Schallplattenpreis ausgezeichnete Platte *Ausflug mit der Mutter* neu herausgebracht als CD (auf der anderen Seite Christa Wolf mit *Blickwechsel*)
2005	*Fahr ruhig mal 2. Klasse. Geschichten von unterwegs*, letzter Band im Pendo Verlag. *Die Kinder*

kommen, Hörspiel. *Hilfe, die Kinder kommen*, Komödie, Uraufführung im TAK Theater Liechtenstein in Schaan.

2006 *Scherben hätten Glück gebracht*, Erzählungen, der erste Erzählungsband im Aufbau Verlag. *Café Caledonia*, Hörspiel

2008 *Schwarz und ohne alles*, Erzählungen. *Wir machen es morgen*, Hörspiel.

2010 *Wann kommt die Liebe*, Erzählungen. *Der Vater meines Vaters*, Hörspiel.

2011 *Sterben ist Mist, der Tod aber schön. Träume vom Himmel* (mit einem Nachwort von Georg Magirius).

Am 23. März stirbt Gabrieles jüngerer Bruder Martin an den Folgen eines Sturzes kurz vor Vollendung seines 65. Lebensjahres.

2012 *Eine souveräne Frau. Die schönsten Erzählungen*, Aufbau Verlag Berlin (hg. und mit einem Nachwort von Georg Magirius).

Die hier aufgeführten Veröffentlichungen (Bücher, Radio, Fernsehen, Theater, Kritiken) von Gabriele Wohmann erheben wegen der Fülle des Materials keinen Anspruch auf Vollständigkeit.
Ein chronologisches Werkverzeichnis ist nachzulesen unter: ***www.adk.de/de/akademie/mitglieder/mitglieder-datenbank.htm*** und in der jeweils neuesten Ausgabe von Kürschners Deutscher Literatur-Kalender.

Literatur

Eine umfangreiche – von Reiner Wohmann erstellte – Bibliografie der Werke von und zu Gabriele Wohmann bis zum Jahre 1981 befindet sich im Gabriele Wohmann Materialienbuch (Hg. Thomas Scheuffelen), Luchterhand Verlag, 1977, und in dem Band „Gabriele Wohmann“ von Gerhard P. Knapp und Mona Knapp. Athenäum Verlag 1981.

Zur Primärliteratur von Gabriele Wohmann verweise ich auf die Zeittafel, die jedoch keinen Anspruch auf Vollständigkeit erhebt, was bei dem Umfang ihres Werkes den Rahmen dieser Arbeit sprengen würde

Arnold, Heinz Ludwig: *Die Gruppe 47.* Reinbek 2004

Durzak, Manfred: *Ein gewisses Faible für die Kurzgeschichte und Gabriele Wohmann. Verlustanzeigen aus dem Mittelstand – Mansfield.* In: Die Deutsche Kurzgeschichte der Gegenwart. Stuttgart 1980. Seiten 103–114 und 272–284

Ferchl, Irene: *Die Rolle des Alltäglichen in der Kurzprosa von Gabriele Wohmann.* Bonn 1980

Friesen Blume, Rosvitha: *Ein anderer Blick auf den bösen Blick. Zu ausgewählten Erzählungen Gabriele Wohmanns aus feministisch-theoretischer Perspektive.* Berlin 2007

Fritsch, Hildegard: *Spielarten der Angst in Gabriele Wohmanns „Der Flötenton“.* In: Neophilologus Nummer 74. Amsterdam 1990. Seiten 426-433

Häntzschel, Günther u. a.: *Gabriele Wohmann.* München 1982

Hinck, Walter: *Rebellion gegen die Behaglichkeit. Gabriele Wohmann zum Siebzigsten.* In: Die politische Meinung Nr. 390, Mai 2002, Seite 92–95

Jurgensen, Manfred: *Deutsche Frauenautoren der Gegenwart.* München und Bern 1982, Seiten 123–196

Knapp, Gerhard P.; Knapp, Mona: *Gabriele Wohmann.* Königstein/Ts. 1981

Knapp, Mona: *Zwischen der Fronten: Zur Entwicklung der Frauengestalten in Erzähltexten von Gabriele Wohmann.* In: Burkhard, Marianne (Hg.): Gestaltet und gestaltend. Frauen in der deutschen Literatur. Amsterdam 1980. Seiten 295–317

Laschen, Gregor/Ton Naaijkens: *Kunstfiguren gegen das alltägliche Chaos.* In: Deutsche Bücher, Heft 9–1979, Berlin. S. 245–257

Lutz-Hilgarth, Dorothea: *Literaturkritik in Zeitungen. Dargestellt am Beispiel Gabriele Wohmann.* Frankfurt am Main, Bern 1984

Pivert, Benoît: *Ni vivre, ni mourir. L'ennui dans l'oeuvre de Gabriele Wohmann.* Diss. Universität Paris XI 1999. Villeneuve d'Ascq 1999

Pivert, Benoît: *Bilder in der Art von Hopper. Zum 70. Geburtstag von Gabriele Wohmann.* In: Deutsche Bücher 3-2001. Berlin. Seiten 192–204

Pivert, Benoît: *So spannend ist das Leben nicht.* Interview. Berliner Zeitung vom 18. Mai 2002

Pivert, Benoît: *Gauloises zum Geburtstag. Interview mit Gabriele Wohmann.* In: Deutsche Bücher, Heft 4–2002. Berlin. Seiten 273–282

Pollerberg, Dirk: *Formen des Leidens. Studien zu Gabriele Wohmanns Erzählungen.* Diss. Universität Wuppertal, 1984

Rudolph, Ekkehart: *Protokoll zur Person. Autoren über sich und ihr Werk.* München 1971. Seiten 145–157

Rudolph, Ekkehart: *Aussage zur Person.* Tübingen und Basel 1977. Seiten 192–207

Schafroth, Heinz F. u. a.: *Gabriele Wohmann.* In: Kritisches Lexikon zur deutschen Gegenwartsliteratur. München 1978 ff.

Scheuffelen, Thomas (Hg.): *Gabriele Wohmann Materialienbuch.* Darmstadt und Neuwied, 1977

Schlumberger, Hella: *Die Sprache ist krank oder Ich bin eine andere Generation.* Interview. In: Publikation, Juni 1972. Seiten 24–29

Siblewski, Klaus (Hg.): *Gabriele Wohmann. Auskunft für Leser.* Darmstadt, Neuwied 1982

Wagener, Hans: *Gabriele Wohmann.* Berlin, 1986.

Wellner, Klaus: *Leiden an der Familie. Zur sozialpathologischen Rollenanalyse im Werk Gabriele Wohmanns.* Diss. Universität Hamburg 1975. Stuttgart 1976

Hinweis: Zitate sind im Text der Biografie ausgewiesen.

Die Zitate auf den Seiten 115, 116, 165, 166 sind dem Vorlass von Gabriele Wohmann mit freundlicher Genehmigung des Literaturarchivs Marbach entnommen.

Ilka Scheidgen

Veröffentlichungen über Gabriele Wohmann

- *„Ich sterbe am Leben, immer weiter“, Gabriele Wohmann im Porträt.* In: Publik-Forum Nummer 8/1999, Oberursel. Seiten 52–57
- *Weise Grafomanin. Zum 70. Geburtstag der Schriftstellerin* Gabriele Wohmann. Rheinischer Merkur vom 16.05.2002
- *Ich sterbe am Leben, immer weiter – Gabriele Wohmann.* In: Ilka Scheidgen: Verrückt genug, an ein Paradies zu glauben. München 2002, Seiten 97–108
- *„Heimwehsüchtig, fernwehkrank“, Gabriele Wohmann zum 70. Geburtstag.* In: Der Literat, Heft 5/2002, Berlin. Seiten 9–12
- *„Ich muss neugierig bleiben“. Gabriele Wohmann zum Fünfundsiebzigsten. Ein Porträt.* In: Zeitzeichen Mai 2007, Stuttgart. Seiten 56–58
- *Zu Besuch bei Gabriele Wohmann.* In: Der Literat, Heft 7/8/2007. Berlin. Seiten 16–17
- *Bücher sind wie Dächer – Gabriele Wohmann.* In: Welt der Frau, 5–2007. Linz (Österreich). Seiten 36–38
- *Ein Schwebezustand zwischen Himmel und Erde. Zum 75. Geburtstag der Schriftstellerin Gabriele Wohmann.* Die Tagespost vom 19. Mai 2007
- *Gabriele Wohmann. Schreiben ist eine Krankheit. Nichtschreiben auch.* Autorenporträt in: Ilka Scheidgen: Fünfuhrgespräche. Lahr 2008. Seiten 177–202
- *Der Sehnsucht trauen. Zwei Bücher von Gabriele Wohmann, der Grande Dame der Kurzgeschichte.* Die Tagespost vom 5. Februar 2011

Einzelveröffentlichungen:

1981 *Wenn ein immerwährender Regen auf das Land fällt*, Gedichte, Bläschke Verlag, St. Michael
1991 *Wenn unsere Schritte nicht stockten*, Gedichte, Himmerod Verlag, Himmerod
1992 *Zuoberst das Blau*, Gedichte, Strasser Verlag, Kaiserslautern
1993 *Die grüne Frau*, Erzählungen, Strasser Verlag, Kaiserslautern
1996 *Nicht dein Haus, nicht meines*, Gedichte, Himmerod Verlag, Himmerod
1997 *Aufbruch ins Unbekannte*, Erzählung, Fischer Taschenbuch Verlag, Frankfurt
2000 *Nah der Erde*, Gedichte, Ferber Verlag, Köln,
2001 *Anna und Alena*, Roman, Fischer Taschenbuch Verlag, Frankfurt
2002 *Verrückt genug, an ein Paradies zu glauben*, Autorenporträts, Verlag Sankt Michaelsbund, München
2003 *Meine Freundin Johanna*, Roman, Psychiatrie Verlag, Bonn
2006 *Hilde Domin – Dichterin des Dennoch. Eine Biografie*, Kaufmann Verlag, Lahr
2008 *Fünfuhrgespräche*, Zu Gast bei Günter Grass, Peter Härtling, Herta Müller, Peter Rühmkorf, Dorothee Sölle, Arnold Stadler, Carola Stern, Martin Walser, Gabriele Wohmann, Eva Zeller. Autorenporträts, Kaufmann Verlag, Lahr.

2002 erhielt sie für ihr literarisches Werk den Kulturpreis des Kreises Euskirchen.

Ilka Scheidgens
Hilde Domin-Biografie

Jetzt als Sonderausgabe

Ilka Scheidgen

Hilde Domin
Dichterin des Dennoch

248 S. / gebunden
Format: 12,5 x 20,5 cm

€ (D) 14,95 sFr 22,50 € (A) 15,40

ISBN 978-3-7806-3119-0

ILKA SCHEIDGEN

In Berlin geboren und aufgewachsen. Nach dem Studium ab 1980 zahlreiche Veröffentlichungen in Anthologien, Zeitungen und Zeitschriften, Mitarbeit am Autoren-Lexikon NRW, zwölf Einzeltitel.

Ilka Scheidgen schreibt Lyrik, Erzählungen, Romane, Essays und Autorenporträts. Sie arbeitet als freie Publizistin für verschiedene Zeitungen und Zeitschriften.

Homepage der Autorin: *www.ilka-scheidgen.de*

Kollegen- und Pressestimmen

„Niemand hätte, wie Dir das gelungen ist, die Biographie ebenso kompetent faktisch und sachbezogen, zugleich aber auch tief in die Geisteswelt der H. D. eingelebt und darin quasi verwoben schreiben können. Akribische Genauigkeit bei emotionaler Einfühlung, ja Empathie. Beides bringst Du in die schwierige Synthese: Distanz und Nähe. Du bist die kongenial-ideale Biographin."

Gabriele Wohmann

„Wieder bewundere ich Ihre Art, wie Sie einen Autor bzw. eine Autorin in der Beschreibung erfassen und lebendig machen. Vor allem mit ihren eigenen Texten lassen Sie sie zu Wort kommen. Hilde Domin z. B. mit ihren Gedichten. Und wie gut, dass Sie Ihre persönlichen Begegnungen und Gespräche einbringen können."

Hans Bender

Die Autorin gibt viel von ihren Gesprächen preis, die die spätberufene Lyrikerin als lebhaften und warmherzigen Menschen zeigen.

Frankfurter Allgemeine Zeitung

Die Arbeit ist so voll von Anregungen, dass man danach gar nicht anders kann, als die Lyrik Domins wieder selbst zur Hand zu nehmen.

Kölner Stadt-Anzeiger

Ilka Scheidgen ist es gelungen, in ihrer Biografie den Menschen Hilde Domin lebendig werden zu lassen.

Publik-Forum